U0935312

珍藏本
纪念版

汉译世界学术名著丛书

政治经济学要义

〔英〕詹姆斯·穆勒 著

吴良健 译

2017年·北京

James Mill
ELEMENTS OF POLITICAL ECONOMY
London: Henry G. Bohn 1844
本书根据伦敦亨利·博恩出版公司1844年版译出

汉译世界学术名著丛书
（120年纪念版·珍藏本）
出 版 说 明

2017年2月11日，商务印书馆迎来120岁的生日。120年前，商务印书馆前贤怀揣文化救国的理想，抱持“昌明教育，开启民智”的使命，立足本土，放眼寰宇，以出版为津梁，沟通中西，为中国、为世界提供最富智慧的思想文化成果。无论世事白云苍狗，潮流左右激荡，甚至战火硝烟弥漫，始终践行学术报国之志，无改初心。

逐译世界各国学术名著，即其一端。早在20世纪初年便出版《原富》《天演论》等影响至今的代表性著作，1950年代后更致力于外国哲学和社会科学经典的译介，及至1980年代，辑为“汉译世界学术名著丛书”，汇涓为流，蔚为大观。丛书自1981年开始出版，历时三十余年，迄今已推出七百种，是我国现代出版史上规模最大、最为重要的学术翻译工程。

丛书所选之书，立场观点不囿于一派，学科领域不限于一门，皆为文明开启以来，各时代、各国家、各民族的思想与文化精粹，代表着人类已经到达过的精神境界。丛书系统译介世界学术经典，引领时代思想，为本土原创学术的发展提供丰富的文化滋养，为推动中国现代学术和现代化进程做出了突出的贡献。

为纪念商务印书馆成立120周年，我们整体推出“汉译世界学术名著丛书”120年纪念版的珍藏本，寄望既利于文化积累，又便于研读查考，同时向长期支持丛书出版的译者、编者和读者致以敬意。

两甲子后的今天，商务印书馆又站在了一个新的历史时间节点上。我们不仅要铭记先辈的身影和足迹，更须让我们的步伐充满新的时代精神。这是商务人代代相传的事业，更是与国家和民族的命运始终紧密相连的事业。我们责无旁贷，必须做好我们这代人的传承与创造，让我们的努力和成果不仅凝聚成民族文化的记忆，还能成为后来人可以接续的事业。唯此，才能不负前贤，无愧来者。

商务印书馆编辑部

2017年10月

中译本前言

詹姆斯·穆勒与他的《政治经济学要义》

詹姆斯·穆勒(1773—1836),出生在苏格兰蒙特罗斯市附近的一个小村庄里,系一鞋匠兼小自耕农之子。在当地的乡绅约翰·斯图亚特爵士的资助下,得以进入蒙特罗斯学院和爱丁堡大学学习,最初想成为苏格兰教会的牧师。1797 年穆勒离开爱丁堡,做了一段时间的巡回传教士和家庭教师,但都不很成功。随后便移居伦敦,在伦敦加入了由苏格兰年轻人组成的一个小团体,他们立志为报纸杂志写文章和著书立说,以求在这个世界上显身扬名。穆勒除了从事各种自由职业外,还在 1803 至 1806 年编辑出版了《人文杂志》,该杂志上大多数论述政治和经济问题的文章都出自他的手笔。与此同时,他着手撰写《英属印度史》(发表于 1817 年)这部耗费了他 11 年心血的巨著。在这期间,他基本上靠写作维持和养活家里日渐增多的人口,也从杰里米·边沁那里得到某些资助。自 1808 年起,他成了边沁的信徒和代言人。通过这些工作,特别是通过他为《不列颠百科全书》(1815—1824 年)第四、五、六版的补篇撰述文章,他成了所谓哲学激进主义运动的领袖人物。该运动致力于根据有关"良好政府"的功利主义准则,改革英国议会和其他政治制度。穆勒还对其长子约翰·斯图亚特·

穆勒进行了一种特殊的教育，这种教育也为他赢得了名声。1819年，部分由于《英属印度史》一书受到人们欢迎，他被任命为东印度公司稽核官助理，1830年升任首席稽核官，1836年去世之前，他一直担任这一职务。

穆勒的经济著作包括大量评论文章和两本小册子，一本题为《论发放谷物出口奖励金的失策》(1804年)，一本题为《为商业辩护》(1808年)，但他的主要经济著作还是1821年发表的《政治经济学要义》这部著作。

《政治经济学要义》的写作过程十分独特，对此，詹姆斯·穆勒的儿子约翰·穆勒在其自传中有下述真实的记录：当时"李嘉图的杰作(指《政治经济及赋税原理》)已经出版。所以父亲开始教我(此时约翰·穆勒年仅13岁)这门学科时，采取这样一种讲授方法——在散步中进行教授。他每天详尽地讲解一部分，第二天我交给他笔录的讲稿，他让我一遍一遍重新改写，一直到文稿清楚、明确和达到一定程度的完整才算了事。这门学科的全部内容我就是在这种方式下学完的，而我每天笔录的书面概要，后来成为他写《政治经济学要义》的材料"。

詹姆斯·穆勒用这些材料写成的《政治经济学要义》，以最为简明和抽象的形式复述了李嘉图的理论，但却仿照萨伊的《政治经济学概论》(1803年)的模式，划分政治经济学的内容。萨伊把政治经济学划分为生产、分配和消费三部分，即采用了所谓"三分法"，把交换列入生产范围内。詹姆斯·穆勒在本书中提出应把政治经济学划分为生产、分配、交换和消费四个部分，即所谓"四分法”。他的原话是:“政治经济学有四大问题需要探究:1.什么是决定商品生产的规律;2.什么是社会劳动所生产的商品进行分配的规律;3.什么是商品彼此进行交换的规律;4.什么是决定消费的规律。”穆勒的这种四分法庸俗化了政治经济学。首先,这种方法把生产、分配、交换和消费看作是一般形态,抽掉了其特殊性和历史性。事实上,生产总是在一定的社会关系下进行的,而穆勒却把它归结为一般的物质资料生产过程,其结果就是去掉了生产的资本主义形式。其次,这种方法完全割裂了经济过程的内在联系,把生产、分配、交换和消费看成处于同等的和并列的地位,抹杀了生产的决定作用,抹杀了生产的社会性质决定其他经济过程的社会特点。事实上,在资本主义生产方式下,正是由于生产资料的资本家私有制,才决定了它的分配特点;资本家无偿地占有剩余价值,工人以工资形式得到他所创造的部分产品。

《政治经济学要义》出版之时,正值李嘉图学派同其反对者进行激烈论战的时期。当时英国经济学界划分成了两大集团。一个集团是李嘉图学说的反对派。他们利用李嘉图体系中的矛盾,力图推翻李嘉图的价值学说和剩余价值学说。另一派则企图通过解说和注释的办法来维护李嘉图的学说。但是除个别观点外,李嘉图的信徒并没有促进李嘉图学说的发展。相反地,因为他们坚持把李嘉图的学说看成是一种绝对完善的体系,因而对于李嘉图的理论与现实之间的矛盾,要么加以否认,要么在形式上和口头上加以“克服”,从而造成了李嘉图学说的庸俗化,李嘉图学派也开始没落下去。

众所周知,李嘉图的价值学说在他的体系中造成了两大矛盾,一是价值规律与等量资本得到等量利润规律的矛盾，二是价值规律与劳动和资本交换的矛盾。在论战中，关于第一个矛盾，反对派经常引证的实例是，生产新葡萄酒和陈葡萄酒所耗费的劳动时间是相同的，但陈葡萄酒却比新葡萄酒昂贵得多。让我们来看一下李嘉图的忠实信徒穆勒是如何进行反击的。他根据李嘉图的关于资本是蓄积的劳动的说法，认为劳动虽然没有直接运用于陈葡萄酒，但它通过其他商品（劳动产品）运用在了陈葡萄酒上。这里所谓其他商品即指资本。也就是说，在陈葡萄酒窖藏期间，虽然“用手直接去做的劳动”已经结束，但在当初生产新葡萄酒时所耗费的劳动仍然“劳动”着。

按照马克思的观点，穆勒的理论错误在于他混同了价值和生产价格。陈葡萄酒和新葡萄酒尽管价值相同，但由于窖藏的关系，陈酒的生产价格高于新酒的生产价格。这里所涉及的是剩余价值在生产不同商品的各资本间均衡化的问题。如果用于一部门的资本，在直接榨取劳动上处于不利地位，例如它的有机构成较高，或者它在流通过程中停滞的时间较长，或者它必须在生产过程留滞一个较长时间（新葡萄酒和陈葡萄酒的例子只是这最后一种情况），其他各部门生产的剩余价值将有一部分转移出来，使处于不利地位部门的资本能比例于自己的量得到平均利润份额。所以窖藏葡萄酒的资本家，由于他必须在较长时间的生产过程中留滞其资本，就必须为其资本不能经历劳动过程而增值的时间要求补偿。马克思指出：“只要理解剩余价值和利润的关系，其次理解利润平均化为一般利润率，这种现象是十分简单的。”[①]但是穆勒想通过

① 《马克思恩格斯全集》，第 26 卷 III，人民出版社 1974 年版（下同），第 90 页。

直接的形式，用劳动量的价值规律来阐明这个现象，也就是说，用这样一个武断的假定，即在不进行劳动的生产期间内，仍然为劳动付酬，来在表面上始终贯彻由劳动量决定价值的理论，企图在形式上得到统一的证明。

关于第二个矛盾，即价值规律与劳动和资本相交换的矛盾，李嘉图的反对者根据劳动与资本的交换是多量劳动与少量劳动的交换，宣称李嘉图的劳动价值论破产了。为了使李嘉图的学说摆脱困境，穆勒也同前面一样力图始终贯彻形式上的武断说明，他说："当我们说资本和劳动这两个生产手段属于两个阶段时，我们的意思是说，劳动者对生产作出了一定贡献，资本家也作出了一定贡献；生产出来的商品以一定比例属于这两个阶段。但是情况可能是这样，双方中的一方在生产完成以前购买了另一方的份额。在这种情况下，生产出来的全部商品属于购买另一方份额的一方。事实上，资本家确实在雇用劳动时，通过支付工资购买他们的份额。"穆勒完全不理解，在劳动和资本交换中，劳动者出卖的不是普通商品而是劳动力，它的使用所创造的价值比它自身所包含的价值大。穆勒通过上述说明，确实避开了由于使劳动本身直接和资本相对立而产生的难点。但结果是，工人就不复是劳动力的出卖者，而成了用其劳动力生产的商品份额的出卖者，即成了简单商品的出卖者。从而穆勒不仅犯了把工资劳动者篡改成商品出卖者的错误，同时也造成了完全掩盖剩余价值源泉的结果。

马克思说："穆勒是第一个系统地阐述李嘉图理论的人，虽然他的阐述只是一个相当抽象的轮廓。他力求做到的，是形式上的

逻辑一贯性。”①

由以上几点评述可以看出，本书的翻译出版，将有助于我国经济史研究工作者了解李嘉图学派是如何衰落的，马克思主义政治经济学是如何通过批判穆勒等人的庸俗观点得以发展的。此外，本书还被现代西方经济学家誉为“第一本用英文写出的经济学教科书”，“是一部特别精确而明晰易懂的作品”。这证明了此书在西方经济学界的影响和地位。因此，翻译和出版中译本具有一定的意义。

朱 泱

1991年11月

① 《马克思恩格斯全集》，第26卷III，第87页。

目　　录

序 言

在读者开始阅读此书前，我认为有必要告诉他的事情不多。

我的目的是要写一本政治经济学的教科书，从所有枝节论题中分离出政治经济学的基本原理，按逻辑次序清楚地阐述各个命题，并对每一个命题加以论证。我自己坚决相信，要理解此书的每一部分，最需要的莫过于读时集中注意力；这点，具有寻常理解力的男女读者俱能办到。

开始读此书的人应该缓慢阅读，应该使自己熟悉书中次第出现的新的概念组合体。如果读者在充分吃透第一个主题前着手学后随的主题，他们一定会遇上困难，这是因为他们还没有牢牢记住适合于解决困难的道理。就像开始学习数学的人，仅仅满足浏览和同意演算方法，他们很快就会遇到他们不能理解的理论问题，这完全是因为自己没有反复思考和演算，没有在求证后把命题所依赖的那些先前命题牢记在心的缘故。

在这样的一本书里，我想还是不引经据典为好，因为我十分殷切地希望，初学者应一心学习理论及其证据，不要考虑任何枝节问题。我不害怕他人指责我剽窃，因为我坦率承认书中没有什么新的发明；而那些对政治经济学的发展做了贡献的人，也不需要我的作证来建立他们的声誉。

*　　　*　　　*

在本书第三版里，改动之处有（不仅是文字上的改动）：在论“利润”那一节，我以不同方式更全面地论述了利润与工资的关系。在论述“什么决定商品彼此交换的数量”那一节里，我增加了一些内容，更详尽地分析了决定价值的各种因素；在解释“国家间交换商品符合各国利益的理由”那一节里，我改正了过去两版中存在的一个错误；在论述每英亩土地税收那一节中，我认为有必要解释一个以前未曾提到过的事例。

导言
主题——它的界限——和划分

政治经济学对于国家等于家庭经济学对于家庭。

家庭得消费;为了消费它必然需要供给。

因而家庭经济学有两个重大目的,即家庭的消费和供给。消费的数量总是无限的,因为人享受的欲望没有尽头;主要关心的是增加供给。

不是通过人的劳动生产数量就很充裕,足以满足所有人需要的那些东西,如空气、阳光、水等等不是关心或考虑的对象,因此确切地说,这些不是家庭经济学主题的一部分。管理一个家庭的本领在于调节另外一些东西的供给和消费,它们不花钱无法得到;换言之,那些东西含有人的劳动,“得到每一样东西都要给予最早购买钱。”

政治经济学的情形也是一样。它也有两个重大目的,即社会的消费和满足消费的供给。那些不是人的劳动提供的,为了得到它们不需要任何条件的东西,不必加以考虑。假如人们要消费的每一种东西都无需人的劳动而存在,那也就不会有政治经济学了。政治经济学并非指伸出手和使用手的意思。但是当使用劳动,所希望之物可以用预先制订的工作计划大量增加时,政治经济学才成为全面探明生产增多的手段和制定最有利于达到目的地使用这些手段的规律体系的重要学科。

我并非说,论述政治经济学的作家的论著一直以这个目的为限。但是,把政治经济学从所有与这个目的无关的议论中分离出来看来是重要的。因此要求读者注意,在下文中我将以此为目标,来探明必须用人力才能获得的那些商品的生产与消费的种种规律。

对定义如此限定的政治经济学的研究,主要从两方面进行探究,即有关生产的探究和有关消费的探究。

但是物品生产出来后,在它们被消费之前必须进行分配,这是很明显的,所以还得作中间的探究,即探究分配规律。

商品经过生产和分配后,为了用于再生产或者用于消费方便起见,有一部分商品应作彼此交换。因此,探明商品彼此交换的规律是政治经济学最后一大主题——消费——之前的第二个探究问题。

综上所述,政治经济学有四大问题需要探究:

1. 什么是决定商品生产的规律;
2. 什么是社会劳动所生产的商品进行分配的规律;
3. 什么是商品彼此进行交换的规律;
4. 什么是决定消费的规律。

第一章　生产

劳动所做的工作和自然所做的工作之间的区别不总是看得清楚的。

劳动只有与自然规律相协调时才能生产它的果实。

人们发现，人的力量可以归结为最最简单的基础形式。他所做的事情仅仅是产生运动。他能使物件彼此相向移动，他能把物件彼此分开。其余事情由物质的特性去进行。他把烧红的铁移到一部分火药上，就发生爆炸。他把种子种到大地上，植物开始抽芽生长。他把植物从大地上分开，植物停止生长。至于这些后果是为何和如何发生的呢？他是不知道的。他只是根据经验探明，如果他做出如何如何的动作，随后就会产生如何如何的结果。严格地说，是物质本身产生这种结果。人能够做的全部事情就是把自然物件放在一定位置上。裁缝在做衣服，农民在生产谷物，他们所做的是同样的事情。每个人都做一套动作，由物质的特性完成其余的事情。看了一定量物质放在一定位置上它们的特性所起的每一种贡献后，再询问物质特性所起的任何两种结果中哪一种作用大，就显得荒谬了。

由于我们的探索限于使用人力劳动的那种生产；由于人的劳动主要以两种方式产生它的效果，一种有工具的帮助，一种没有工

具的帮助，本章自然地分为两节，第一节简单地讨论劳动，尽可能与研究可以改善劳动能力的工具分开；第二节论述资本及其来源，以及使用劳动和支持劳动工作的物质供应的性质。

第一节　劳动

在我们生活的社会状况中，劳动除了与资本相结合，很少见到被使用。为了把单独的劳动操作看得更加清楚，在想象中再现一下事物的简单状态是有帮助的，我们可以把社会想象成它刚开始时的那种状况。

当野蛮人爬上树采果实时，当他诱捕一只野兽或用木棍把它击倒时，可以认为他光用体力操作，没有借助于任何可以适当地称之为资本的东西。

鉴于政治经济学的结论，关于不同于资本的作为经济学混合整体中与众不同的部分的劳动，有必要指出一个重要问题，那就是劳动者必需的生活给养。在劳动概念中包括这个必需给养的概念。不论何时我们说到纯劳动生产某种物品，我们意指劳动者的消费和操作。没有劳动者的消费就不可能有劳动。如果爬上树采果实的人能在一天中找到两株这样的树，要爬上去采摘果实，他得事先准备半天口粮才能继续他的工作。如果狩猎为生的人不能在不足一天中确保打到猎物，他就必须事先准备至少一天的口粮。如果要进行为时一周或一月的围猎，就需要准备几天的口粮。显然，当人们依靠用劳动在土地上生产出来的东西为生时，这种产品每年只能成熟一次，那么事先必须储存一整年的口粮。

劳动者事先准备的口粮在不同情况下可能有多有少，这要根据收获他口粮形式的劳动果实所需要时间的长短；但是，无论在哪一种情况下，每当我们说到分离的、独立的生产手段——劳动本身时，都包含有劳动者口粮的概念。

更有必要记住的是，劳动和工资这些名词有时使用不小心，结果产生概念的混淆和某种根本性错误。很清楚，当我说到一个人一天或一月或一年的劳动时，他的生活给养概念必须包括在内，就像他肌肉或脑力活动的概念一样。并不是他的劳动是一件事，他的肌肉活动是另一件事，就眼前的目的说，它们是同一回事。如果把工资看作与劳动者的消费同义，那就不能把劳动看作总体中的一个项目，而把它的工资看作另一个项目。如果有这样的看法，必然会产生错误。

理解了什么概念必然包含在劳动的概念中，必然包含在独立的和最简单的劳动形式中，则在劳动这个标题下，就只需要考察与劳动的生产能力有关的，劳动容易得到的改良了。

下文将看到，这些改良中最重要的改良来自使用形成资本一部分的那些工具。重大的改良还来自包括劳动分布在内的劳动分工。

后一种改良的基础是在这样的情况下奠定的：我们在开始时缓慢进行的工作，因为重复操作做得越来越快。这是十分普通的容易理解的人类本性的规律，简直不需加以说明。在所有工作中最简单的打鼓工作是一个适当的例子。没有练习过这种工作的人，在试着打鼓时，其速度之慢令人吃惊，而一个经过练习的熟练的击鼓手，其速度之快更令人惊愕。

最快的速度所依赖的是对一件工作的重复，所以一个人要同时做许多不同工作是办不到的。想做一种或少许几种工作要做得尽可能的快，此人必须只限于做一种或少许几种工作。生产人们想望得到的商品的工作也是同样，任何人如果限做少数工作，他将做得比做许多工作的人更快，不仅仅做得更快，而且非常可能做得更正确、更精细。

对人们有用和人们愿意要的商品的生产包含大量工作的集合体。这个集合体应该划分成许多部分，每一部分应包含种数尽可能少的工作，这是非常重要的，这样才能使每一种工作做得更迅速和更完善。如果每一个人经常重复他所做的工作，使他能够做两种工作而不是一种工作，并把每种工作做得更好，这个社会生产对社会有用和受欢迎产品的能力将增加一倍以上。不但产品的数量增加一倍，而且在质量上也有很大进步。

斯密博士在《国民财富的性质和原因的研究》第一册第一章中对这个主题有全面的说明，该章里使用一些十分显著的例子说明在复杂情况下劳动分工能增加劳动生产能力的不寻常作用。他说有一个孩子，他只习惯于制钉，他每天可以制造两千三百多个铁钉；而一个工作与制钉匠性质相近的铁匠，他一天做不出300个铁钉，而且质量窳劣。

即使在最简单的劳动中，毫无疑问，如果有一个人只做爬树采果实的工作，另一个人只做诱捕和杀野兽的工作，他们将一个善于爬树，另一个善于捕兽，他们学会的本领要比他们兼做两件工作能学会的本领大；他们由此而将获得更多的果实与猎物。

单做一件事的优势如此明显，以至在手艺的最初阶段就有一些表明劳动分工好处的令人印象深刻的事例。纺纱的双手和把纱织成布的双手不同，也许在每一个国家里，都有一些关于那个手艺早期状况的纪念物。硝毛皮的人和把皮制成鞋的人；制铁器的人和制木器的人，在相当早的时期就分开了，根据分配给他们的工作进行劳动分工。

在一个不自然和富裕的社会里，所需要的依赖于复杂设备的大量工作总体，如果以最理想的方式划分为若干小工作组合，就将大大有助于劳动的生产能力，对这个主题要做的第一步工作是最完善的哲理性分析，第二步工作将是同等完善的哲理性综合。

为了懂得面对一大批各种形式又不合想要达到目的的材料应如何进行工作，有必要仔细考察构成整体的各个因素，把整体分解为各个要素，小心而全面地逐一检查它们。这就是分解工作。

当我们完全了解了这些要素时，我们就要把它们结合在一起作为手段以达到我们的目标；当我们对目标有同样完全的理解时，那时我们要做的就是着手组成最有利达到那些目标的组合。这就是综合工作。

众所周知，人们尚未进行这两种工作来获得最佳的劳动分工和分布。同样可以肯定的是，这种劳动分工还处于最不完善的状态。就已经做到的分工而言，如人们所说的，它们是根据事实来做的；也就是说在很大程度上是偶然的；只是从事特定部门工作的个人的偶然发现，使他们能够见到在这些部门中可以获得特定的利益。这样的改进几乎经常建立在某种狭隘的眼光上，肯定有过分析和综合；但是只包括少数要素，而对这些要素也只有不完全的理解。建立在狭隘眼光上的改良，在应用上同样有限，不可能推广普及。一部机器或一家制造厂引进的改良常常要过很长时间才引用到另一部机器或另一家制造厂去，虽然后者同样需要这种改良。一种改良要引出另一种性质类似的改良的过程更慢；因为狭隘的眼光难以发现改良所包含的东西与它所排斥的东西之间的关系。

第二节　资本

我们已经看到，劳动进行工作，或者简单地只使用没有任何帮助的人体力量，或者使用工具，工具不但扩大劳动成果的数量，而且时常提高劳动成果的准确性和精确性。

为了证实这一点，我们可以举出猎人的弓箭和投石器，作为最早和最简单的工具的例子。铁锹是容易发明的翻土工具；可以使用兽力的某种粗糙机械，是犁的最早形式，出现于改良的早期阶段。

从这些开始，人着手一件接一件发明工具，斧、锤、锯、轮子、独轮车等等，最后直到发明大量复杂的机器，这些机器给予劳动巨大的生产能力。由这些工具组成的供应品称作资本。

但所谓资本，并不只是这些。最早阶段的劳动只使用在自然提供的物质上，人的双手没有为准备这些物质出力。野蛮人爬上树采集果实时，当他们折下树枝当作棍棒或弓时，他们用自然之手为他们准备的材料去工作。当产业进步到随后阶段，劳动使用的材料一般是先前劳动的成果。例如，准备制造布匹和薄麻布的亚麻和棉花是农业劳动的成果；铁是矿工与冶炼工劳动的成果，其他物品也是如此。劳动使用的原料，当它们是先前劳动的产物时，也称为资本。

当我们谈到作为一种生产手段的劳动和作为另一种生产手段的资本时，上述两个成分，即帮助劳动的工具以及作为劳动对象的原料，便是可以正确地包括在资本概念里的全部东西。的确，工资一般也可以包括在那个名词之下。但是，在那个意义上，劳动也可以包括在内，不再能说成是区别于资本的生产手段。我们已经知道，当我们说劳动是一种分开的不同的生产手段时，劳动者的生活资料或消费品（工资只是它的另一个名字）已包括在劳动这个概念里。

我已经赋予资本与劳动这两个词以精确概念，这是学习政治经济学最最重要的事情；我也已经区分了它们在生产中各自的范围，进一步必须做的事情是阐明资本的起源和资本积累的规律。

获得资本的最终来源是劳动，这是容易发觉的。生产必然始于双手。在制造工具之前不存在工具；而第一件工具的制作，没有先前的工具可以使用。

因此，最初的那部分资本是纯劳动的产物，没有资本的合作。

但是，第一件工具制成后（它增加劳动的生产能力），将迅速地制作另一件工具，以支持它的形成，譬如制作一把小刀来支持弓的形成；于是资本第一次成为劳动与资本结合的产物。

只要探明在生产物品中资本和劳动结合的方式，和从最简单到最繁复情况下资本形成的方式，就能知道这个道理十分清楚，无须详加阐明。此后就将看到，在较进步和改善的生产中，国家全部劳动和资本的很大一部分经常用于生产那些构成资本的物品。

由于资本（从其最简单的形式到最复杂的形式）指的是这样一

些东西，生产出这些东西是为了加以运用，当作进一步生产的手段，因而资本显然是所谓节约行为的结果。

没有节约就不可能有资本。如果全部劳动用于获得立即消费掉的物品，一生产出来就立刻全部消费掉（如野蛮人爬树采摘的果实），就绝不会出现资本物，不会有用作进一步生产手段的物品。要获得资本物，就必须生产不是立刻消费掉的某种东西，把它节约下来，留出来用在另一个目的上。

这样做的后果是充分明显的，这里有必要加以阐明。

这样节约下来的每一样物品就成为资本物。因而资本的扩大正与节约的程度成正比；事实上，每年资本的扩大量等于每年节约储蓄的数量。

联合起来进行商品生产的劳动和资本可以都属于一个人或一伙人，或者其之一属于一方，另一个属于另一方。例如，野蛮人使用他的弓箭杀死一只鹿时，他是劳动和资本的所有人；如果他用另一个人的弓箭杀死鹿，他是劳动的所有人，另一个人是资本的所有人。耕种一小块农地的人，他使用自己和自家人的劳动种地，不雇用帮工帮助，他是资本和劳动的所有人。专雇用帮手种地的人，则是资本的所有人；至少就眼前来说，帮手可以认为是劳动的所有人，虽然我们就将看到，在什么样的限制条件下，可以采取那样的解释。

从“劳动所有人”一词的这个意义上说，可把生产的参与者分为两个阶级，一是资本家阶级，即供应生产原料和工具的富人；一是工人阶级，他们提供劳动。

这些名词是大家非常熟悉的；但仍有必要作一些观察，以便在这个重要问题上，尽可能消除观念的混淆。

工厂主那样的大资本家，如果他不是雇用自由劳动者而是像西印度群岛上的种植园主那样用奴隶工作，可以认为他是资本和劳动的所有人。总之，他是生产的两种手段的主人；所有产品将归他所有，无人分享。

使用接受工资的劳动者工作的资本家有什么不同呢？劳动者根据情况按日按周按月按年接受工资出卖他的劳动。工厂主按日按年或者按不论什么期限付出工资买入劳动。因而他同时是劳动的所有人，与用奴隶工作的工厂主没有不同。唯一不同在于购买劳动的方式上。奴隶主一次购买奴隶能够做的全部劳动；而付工资的资本家只购买工人在一天中或在任何规定时间中的劳动。可是，这样购买的劳动的所有人和奴隶劳动所有人的奴隶主人在占有劳动上情况相等，这种劳动与他的资本相联合的成果——产品——全都归他自己所有。在我们现在所处的社会状况中，几乎所有生产都是在这样的条件下进行的：资本家是生产中两种要素的主人；全部产品都是他的。

资本有两种不同的类别，这是由于运用资本的方式不同。这种区别导致某些重要的后果，对此应有正确的认识。

构成资本的物品有些具有耐久性质，生产中不会毁坏。大部分工具和机器有这种性质，它们在农业和工业中都使用。诸如附属于各种生产的建筑物，和所有其他种种设备，无须一一列举，这些物品在使用中不会毁坏。属于这种性质的那部分资本称作“固定资本”。

另外有一部分用于生产的物品在使用中会毁坏。如在一组操作中会用坏的全部工具，在生产中消耗掉的所有物品，如煤、油、染工的染料、农民的种子等等。属于这样性质的还有制造中使用的原料。织工的羊毛在制作呢绒中消耗掉，棉织厂的棉花在织细布中消耗掉。修理和维护固定资本费用也必须包括在内。所有这部分资本的不同性质在于在生产中必然被消耗掉，为了使生产继续进行，它必须再生产出来及时得到补充。这种资本被称为“流动”资本；虽然这个名称很不适当。因为在它的消耗与再生产中，并没有流动的含义。称它为“再生产”资本要合适得多，虽然由于“再生产的”这个词是一个过去分词而不是将来分词，这样称呼也不是无懈可击的；它是不断需要再生产的资本，因为在生产中它不断地被消耗掉。

另外还有一件东西也是被不断消耗掉，需要不断再生产出来，那就是生活资料或消费资料或劳动者的工资；这种东西不管是劳动者自己供给自己，还是从资本家那里以工资形式得到的（事先为他的劳动预付的）都是一样。在后一种形式中，是由资本家从那些基金中预付的，那些基金如果不付工资原是可作为资本使用的；因而考虑到这样的预付将产生同样的利益，所以一律当它为资本。这样有时会发生概念上的混淆。

了解了所有这些名词的含义，便可以清楚地看出，任何国家消费和生产的很大一部分都是为了再生产而进行的。这是非常重要的事实，本书下文将对这个事实的后果作较详尽的讨论。

如果劳动工具，劳动施展的对象和劳动者的生活资料全包括在资本这个名词下，那么每一个国家的生产产业必然与它拥有的资本成正比，它的资本增加，生产产业增加，它的资本下降，生产产业也下降。如果劳动工具、劳动对象和工人工资全部增加，只要得到更多工人，工作数量就能增加。如果得不到更多的工人，就将发生两件事，第一，工资将增加，工资增加将促使人口上升，从而增加劳动者人数；第二，人手缺乏将刺激资本家想方设法弥补不足，从而发明新的机器和更有利地分布劳动和进行更合理的劳动分工。

第二章　分配

我们知道与生产有关的人分作两个阶级：劳动者与资本家。每个阶级在生产出来的商品中必然有它的一份，或者，换句话说，必须有来自商品的利益的一份。当土地是生产手段之一时，它也得有一份；我的意思是说要分给土地所有人一份。这三个阶级：劳动者、资本家和地主分享、也就是在他们中间分配国家一年生产的全部产品。

确定了分享全部产品的各方之后，有待弄明白的就是什么样的规律决定分配比例。我们将从解释地租（即地主得到的份额）开始，因为它最简单，并将使解释决定劳动者和资本家所得份额的规律比较方便。

第一节　地租

土地的肥沃程度不同。有一种土地，譬如高山的特高部分和多石部分、疏松的沙地和某些沼泽地，可以说这种土地不生产产品。在这种土地和最肥沃的土地之间，有各种属于中等肥沃程度的土地。

而且，最大肥力的土地使用同样的工具并不生产它们有能力生产的全部产品。例如，一块土地可能每年生产 10 夸特或 20 夸特或 30 夸特谷物。它生产第一个 10 夸特使用一定数量的劳动，生产第二个 10 夸特要使用较多的劳动，生产第三个 10 夸特需要更多的劳动等等；每增加的 10 夸特要求在生产中投入较多的费用，这是众所周知的规律。根据这个规律，支出较多的资本，在同一块土地上可以得到较多的产品。

在全部较好的土地都被耕种之前，和在它接受一定数量资本之前，所有使用在土地上的资本都有同等的报酬。但是，到了某一点，在同一块土地上再增加资本，它的报酬就要减少。因而在任何国家里，生产出某一数量的谷物以后，除非增加费用，否则无法增加产量。如果增加费用生产出增加的谷物数量，则运用在土地上的资本可以分为两部分：一部分产生较高的报酬，另一部分产生较低的报酬。

当产生较低报酬的资本运用在土地上时，它是以两种方式中的一种运用的。它或是运用在当时第一次投入耕种的次等肥力的新土地上，或是运用在头等肥力的土地上，但这些土地已经接受了在不减少报酬的情况下所能运用的全部资本。

资本应运用在次等肥力的土地上，还是以第二剂资本的形式运用于头等肥力的土地，在每一次投资时，要根据这两种土地的性质和产出数量而定。同等的资本如果以第二剂资本的形式投入头等肥力土地上将生产 8 夸特谷物，而投入次等肥力土地上能生产 9 夸特谷物，资本就将投入后一种土地，反过来也是同样。

土地有不同程度的肥力，如第一等最高，第二等次高等等，为了方便起见，我们称它们为第一号、第二号、第三号等等。同样，先后运用在同一块土地上产生越来越小效果的不同次数的资本，为方便起见，可以称之为第一剂资本、第二剂资本、第三剂资本等等。

只要土地不生产产品，它就不值得占用。只要需要耕种的只有一部分最好的土地，所有未耕种的土地就不生产产品，也就是不生产任何有价值的东西。因此，它自然地不被占有，任何愿意耕种它的人都可以占有它。

正确地说，在这个时候土地不产生地租，毫无疑问，在已耕种的土地与尚未开垦准备耕种的土地之间有所不同。人们将不愿开垦新土地，而宁愿每年付出相当于开垦费用的代价。显然人们不愿支付比这更多的代价。因而这不是为土地的生产能力所作的支付，而是为投入土地的资本所作的支付，它不是地租，而是利息。

但是，随着人口和食物需求的增加，有必要求助于次等质量土地，或者向头等质量土地低效力地运用第二剂资本的时候终会来到。

如果一个人耕种次等质量的土地，使用一定量的资本只生产8夸特谷物，而把等量的资本用在头等质量的土地上将生产10夸特谷物；他付出2夸特谷物以得到允许耕种头等土地，或者什么也不付出而耕种次等土地，对他来说没有什么不同。因而他愿意付2夸特谷物去种头等土地，这种支付就是地租。

让我们再次假设，人们不愿耕种次等质量土地，更希望把第二剂资本运用在头等质量的土地上；第一剂资本生产10夸特谷物，第二剂等量的资本只生产8夸特谷物。这个例子和前一个例子一样，都意味着不可能运用更多的资本产生10夸特那么大的效果，有人会愿意在8夸特这一低报酬条件下运用资本。但是，若有人愿意投资于报酬为8夸特谷物的土地，土地的主人便可能讨价还价，获得超过8夸特的全部产品。在这两个事例中都产生地租。

结果是，陆续投在土地上的资本的生产能力降低，地租相应上升。倘若人口进一步增加，次等质量土地全都耕种，有必要求助于不是生产8夸特而是生产6夸特谷物的第三等质量的土地，则根据同样的推理方法，此时次等质量土地产生地租，即两夸特谷物，而头等质量土地将产生更多的地租，即再增加两夸特，即使第二剂和第三剂资本不是投入肥力较差的土地，而是投入头等质量土地，情况也完全一样，即所得到的产品同样会减少。

我们因此而可以这样来一般地表述地租。资本不管是用于不同程度肥力的土地上，还是连续一次次地用在同一块土地上，用于土地的某些资本都会产生较多的产品，另一些资本产生较少的产品。产生最少产品的资本，只产生必须偿还和酬劳资本家的产品。资本家用于土地的任何一部分资本都只会得这种报酬，因为其他资本家的竞争阻止他获得更多报酬。超过这种报酬的全部产品，地主能够占有。因此，地租就是运用在土地上的资本生产较多部分的报酬与生产最少部分的报酬之间的差额。

为使大家明了，拿10夸特、8夸特和6夸特谷物这三种情形为例。我们看到，只生产8夸特的那部分资本的地租是6夸特和8夸特之间的差额；生产10夸特的那部分的资本的地租是6夸特和10夸特之间的差额；如果在三剂资本中，第一剂生产10夸特，第二剂生产8夸特，第三剂生产6夸特，则第一剂资本的地租为4夸特，第二剂资本的地租为2夸特，加起来合计为6夸特。

如果这些结论有充分根据，地租理论就很简单，但如我们将看到的，其结果却极端重要。仅有一种反对意见，看起来不无道理。有人可能说，土地全被占用后，不存在不付地租的土地，没有一个地主愿意不收地租让人使用土地。的确已经有人提出这个意见，并有人指出，甚至苏格兰山区最贫瘠的土地也要付一些地租。

如果一种反对意见成立，它肯定会或多或少地影响所得到的结论。但如果反对意见中所断言的事情，即使承认其是事实，实际上也无损于所得到的结论，那么反对者思想上必定有两种缺陷中的一种，才会提出这个反对意见：或者是概念混乱使他不能看到他所断言的事情对于他所否定的理论影响是多么微弱；或者是即使找不到坚实的反对理由，他也有意回避同意这个理论。

前述反对意见中断言的事情（即使得到承认）实际上对这个结论不产生影响，只要等到了解了实际情况，反对者也不得不承认。任何人不能假装不知道，苏格兰贫瘠山地支付的地租微不足道；用不夸张的话说是极少的数量。如果 1 000 英亩只付 5 镑，也就是一英亩大约一个便士，则它在耕种费用（每英亩不少于几镑）中所占的比例如此之小，以至它对我们努力建立的这个结论的真实性不会产生什么影响。

为了把事情说个明白，让我们假定每英亩最差的耕地付 1 便士地租。在这种情况下，我们仍然可以说地租是（如上文所解释的）不同部分资本生产的产品之间的差额，只不过要加上这样一条修正，即每英亩最差的耕地支付 1 便士地租。有把握地说，如果其他方面都正确，我们不理会这个便士不会有大错误。我们因此能在讨论这个主题时得到语言简单的小小的好处，足以证明这样的省略是正确的。

但是并不是说，我们的结论需要任何这样的修正，即使为了过分精细的正确性，也无需作这种修正。有一种土地，如阿拉伯半岛上的沙漠不生产产品。从这种土地到最肥沃的土地中间毕竟有好些中等的土地。某种土地虽然不是绝对不能生产任何东西供人衣食，但是它不能生产维持劳动者为耕种它所需要的产品，这种土地绝不会耕种。有一种土地的每年产品刚刚可以维持耕种它所必需的劳动而无多余，这种土地刚刚能够耕种，但显然没有能力支付地租。因之，这个反对意见不但实际上无足轻重，而且理论上也是不健全的。

可以有把握地肯定，每一个幅员广大的国家都有不可能产生地租的土地。也就是说，对于人类的劳动来说，这种土地生产不出超过维持这种劳动所必需的数量。至少苏格兰的情况就是如此，这点看来不像会引起争论。在其某些山区，只生长石南属植物，另一些地方只长有苔藓。当有人断言苏格兰山地的每个地方都付地租时，他误解了实际情况。苏格兰高地上任何人地产的任何部分的佃户都付地租，只有这点是正确的。原因是，即使在苏格兰山地，山谷里有些地方土地的产量也相当可观，山谷里这样的土地有好几百英亩，但不能因此得出结论说，那里的每一块土地都交地租；可以肯定有许多地方既没有交租，也交不起地租。

即使在土地不是绝对贫瘠荒芜的地方，在还有某些耐寒植物可用来饲养有用牲畜的地方，也不能说必然会产生地租。必须记住，这些牛羊是资本，土地必须提供的不但要使那些资本有报酬，而且要为照料牛羊支付报酬，在那种环境里，尤其在冬天，对牲畜的照料费用是不少的。除非土地能生产这些或者更多一些，否则它不可能产生地租。

这个岛的大部分地区，几乎没有一个相当规模的农场没有肥力不同的土地，从高等中等肥力的土地，到产品不足以承担地租的贫瘠土地。当然，我不要求别人由于我的缘故同意这个判断；我依靠的是最熟悉农场情况的人的亲身经历。如果实际状况与这个判断相符合，就可以论证说，投入耕种的最后一部分土地不交付地租。在我们此刻描述的那些农场里，佃户约定付一定金额给地主；当然，这是根据土地产品不但有耕种资本的报酬，而且比这还要多一点来计算的。佃户耕种农场土地的动机完全在于他资本的适当报酬，如果农场里有一部分荒芜的土地，只能产生资本收益不会更多；虽然这些土地担负不了地租，但却为他提供了耕种土地的充分动机。不容否认，在全部相当规模的农庄里土地从肥到瘠难以察觉的差异中，像这样特别贫瘠的土地一般只有一部分，不会很多。

可是，撇开土地交或不交地租问题，有最清楚的证据证实我所得出的结论。在付最高地租的土地上，我们看到连续几次运用在土地上的资本并不伴随同等的结果。第一剂资本产出的结果较多，也许超过资本报酬很多。第二剂资本也会产生不少的报酬，以此类推。如果精确计算，地租可以说等于数次投入资本所产生的超过资本收益的全部产品。当然，耕种者会运用他已同意支付地租的所有资本。但在这些资本之后会再投入一部分资本，这部分资本虽然不产生地租，但完全可以产生通常的资本收益。即使单单为了资本收益，农夫也愿意耕种土地。因此，只要用在他农场上的资本能产生通常的资本收益，他如果有资本，他也愿意用在耕种上。因此，我有把握的结论是，在每一个农业国家的事物的自然状况中，运用在土地上的一部分资本不付地租；因而地租完全由生产能力较大的那部分资本所生产的产品组成，也就是超过生产能力最小的那部分资本的报酬的产品，而生产能力最小的那部分资本的报酬肯定归农民所有，作为他必不可少的收益。

第二节　工资

生产由劳动进行。但是劳动从资本那里得到它所要加工的原料和帮助它的机器，更确切地说，这些物品是资本。

有时劳动者就是他劳动所需要的全部资本的主人。有时鞋匠或裁缝不但拥有工作的工具，而且还拥有运用劳动的皮革或布匹。在所有这种情况下，所生产出来的商品完全是制作者的财产。

但是在更多的情况下，尤其是在比较进步的社会阶段，劳动者是一个人，资本所有者是另一个人。劳动者既无原料又无工具。这些必需的物品由资本家供给他。当然，资本家提供这些东西，希望得到报答。鞋匠用他自己的资本制成商品，这种商品完全属于他自己，全部成为他既是劳动者又是资本家的酬劳。但是在更多情况下，商品却属于劳动者和资本家共有，商品制成时，商品或商品的价值由他们分享。双方的报酬来自商品，双方的报酬就是整个商品。

但是，为了不使劳动者等到商品制成，不使他忍受实现商品价值的市场的迟延和变化，人们发现让劳动者预先得到他的一份对他更为方便，发现劳动者接受其份额的最为方便的方式就是使用工资。当商品中属于劳动者的那一份全部以工资形式给予时，商品本身便归资本家所有，事实上他买进了劳动者那一份报酬，事先为它付了钱。

1. 工资率决定于人口和雇佣手段即资本之间的比例

现在我们来谈谈是什么决定劳动者的份额问题，或者说是什么决定商品或它的价值在劳动者与资本家之间划分的比例问题。劳动者份额的多少就是工资率；反过来，工资率的高低就是劳动者得到的商品或商品价值的份额。

十分清楚，双方的份额是他们中间交易的主题；如果有交易，不难看出交易的条件根据的是什么。所有自愿的交易都决定于竞争，交易条件根据供求状况而改变。

让我首先假设，有一定人数的资本家，他们有一定数量的食物、原料和工具或机器；还有一定人数的劳动者；生产的商品在他们之间分配的比例固定在某个特定点上。

让我们接着假设，劳动者的人数增加了一半而资本数量没有一点增加。雇用劳动的必需品的数量保持原状，也就是说，食物、工具和原料的数量还是和以前一样，供应每100个劳动者的东西现在要供应150个劳动者。因此，将有50人有失业的危险。为了避免失业，他们只有一个办法；他们必须努力设法排挤掉原来在职的人；也就是说，他们必须为较少的报酬而工作。工资因此下降。

另一方面，如果我们假设资本的数量增加，同时劳动者人数不变，其后果刚好相反。资本家有比先前更多的雇用手段，也就是有更多的资本；他们希望以此获利。为了获得利益他们必须有更多的劳动者，为了得到劳动者，他们只有一个办法，即提供较高的工资。而现在雇有劳动者的主人也陷入同样的尴尬处境，当然他必须提供较高工资使得原有工人不离开。这种竞争是不能避免的，其必然后果是工资的上升。

因此，如果人口增加资本没有增加，工资下降；如果资本增加人口没有增加，工资上升。同样明显的是，如果两者都增加，但一个增加得比另一个快，后果也同样，就像一个根本没有增加，另一个增加的程度等于两者增加的差额。例如，假设人口增加八分之一而资本也增加八分之一，对劳动所起的作用，就像它们固定不动一样。但是，假设人口不止增加上述的八分之一，而是增加八分之二，在这种情况下对工资的影响，就像资本没有增加而人口增加八分之一。

那么，普遍的情况是，我们可以肯定，其他条件不变，如果资本与人口彼此的比率不变，工资将保持不变；如果资本对人口的比率增加，工资将增加；如果人口对资本的比率增加，工资将下降。

清楚地了解了这个规律，就很容易探明任何国家中决定很大一部分人生活状况的因素。如果这些人生活得安适舒服，为保持这种状况需要做的事情就是使资本增加与人口增加一样快；或者从另一方面着手，阻止人口增加快于资本增加。如果生活不安适和舒服，只有用两种办法中的一种才能加以改善；或者加快资本增加的速度，或者放慢人口增加的速度；总之，应扩大雇用人的手段与人口的比率。

如果资本增加快于人口增加是自然趋势，那么保持人民的富裕生活状况就不困难了。另一方面，如果人口增加快于资本增加是自然趋势，那么困难会十分巨大。工资将永远趋向下降，工资的连续下降将在人民中间产生越来越严重的贫困，同时带来不可避免的后果——苦难和罪恶。随着贫困及其后果——苦难——的增加，死亡亦必增加。一个子女众多的家庭出生的孩子，由于缺乏生活资料，只有某些孩子能被抚养长大。人口的增加以多大比例快于资本的增加，也就会有多大比例的出生者将死亡，于是资本与人口的增加将保持稳定，工资不再下降。

人口增加在大多数地方有比资本实际增加更快的趋势，已被世界上大部分地区人民的生活状况无可争辩地证实。在几乎所有国家里，大部分人民的生活贫困而不幸。如果资本增加得比人口快，不可能出现这种情况。在那种情况下工资必然上升，高工资必然使劳动者脱离匮乏的苦难。

人类普遍处于苦难之中这一事实，可以用以下两个假设中的一个来加以解释：不是由于人口增加快于资本增加的自然趋势，就是由于某种原因资本增加的速度达不到它应有的速度。因而，这是非常重要的问题。

2. 人口迅速增加趋势的证据

人口增加自然趋势的材料可以从两方面收集：人类女性的生理体格；各国关于人口增加速度的报告。

有关女性生理体格的事实已完全查明，有不容置疑的理由下结论。不同国家关于人口增加速度的报告。我们发觉它们或是关于事实的推测，这些推测与真正事实是否一致我们得不到保证；或是属于这样的性质，即对于分歧点的是非毫无证明作用。

人类人数增加的可能速度决定于妇女的体格，这是无可争论的。关于人类女性全部查明的事实，以及生理学和比较解剖学使我们能从与其他动物（它的躯体结构和生理状况与人类相似）比拟中得出的推理，提供得出这个题目的令人颇为满意的结论的手段。

那些动物的雌性，妊娠期与人类女性相似，每次生产产一仔，那些雌性如果放在最适当的环境中，能每年产一胎，从生育力开始起到结束止，只是偶尔停产一年，而停产次数最多只占总生产次数极小的比例。

人类妇女的情况是，婴儿的哺乳期如果超过三个月，就使妇女怀孕期往往推迟，超过一年。可以看出，这种情况只是生理上的独特性，这种独特性允许我们作出人类妇女与我们提到的其他雌性动物生育频率不同的推断。

为了正确地推理，我们应该估计到这种独特性。让我们充分考虑到所有干扰妇女生育的可能性，我们说两年生育一胎对人类妇女来说是正常的。在欧洲（目前我们可以仅仅考察欧洲的情况）妇女生育期为从 16 或 17 岁到 45 岁；让我们再多留余地，把生育期定为 20 到 40 岁。在这一时期里，根据两年一胎的估计，可以产 10 胎，这个数字可以认为不高于人类妇女自然的生育数。

在良好的环境里，孩子的死亡率是很低的。极贫困的人家孩子的死亡，由于缺乏维持健康的必需品，是无法避免的。在宽裕人家，家里人知道并实行保护孩子健康的方法，孩子死亡率是低的；不容怀疑，若能以更妥当的方式管理食物和衣服，注意空气、锻炼和教育，孩子的死亡率甚至还能大大降低。

因此，我们可以作出结论：在最有利的环境里，10 胎是人类女性生育力的适度标准；而出生的孩子在成年前死亡的比例很小。

考虑到偶尔不育的事例，考虑到上面提到的不高的死亡率，让我们留出比必要更多的余地，再打一个对折；即每一对早早结婚的夫妻，若拥有健康所需的全部物品，不必做压迫性的劳动，完全懂得如果最好地利用他们的条件，使他们自己和他们的孩子避免生病和死亡，则可以共同抚养大 5 个孩子。如果情况是这样，那么不必精确计算，就能表明人口在不长时间里便会翻番。显然，人口要不了多少年就会增加一倍。

为了说明像这样的有充分根据的结论，似乎需要关于许多国家人口和关于出生与死亡的图表。可是这些图表的论证避开正在争论的要点。除了表示增加状况的事实外，我没有见过能说明任何问题的图表，即使我们对它们的正确性给予它们不应受的信任，也无济于事。它们告诉我们或假装告诉我们人口在增加或者不在增加，如果在增加，以什么速度增加。但是，即使这种图表表明，世界上每一个国家的人口都静止不变，有能力推理的人也不会因此得出结论说人类没有能力增加。每个人都知道这样的事实，即在大多数国家，人口是静止不变的，或者是接近于静止不变的。但若没有告诉我们是什么原因阻止人口增加，这又能证明什么呢？我们清楚地知道，不管人口增加的自然趋势如何强大，有两个原因阻止它增加。一个是贫穷，在贫穷压力下，不管生育的人数多么多，几乎总有一定人数未成年夭折。另一个是谨慎，谨慎指择偶小心，也指夫妇有了若干孩子后就有意不再生育。只告诉我们某些国家的人口很少增加或没有增加，如果我们同时不能得知阻止人口增加的贫穷或谨慎的程度的精确信息，那就什么用处也没有。

由此可见，人口具有能够在不多年份内翻番的增加趋势是一

个有充分证据的命题，这点是无法提出称得上证据的任何东西与之争辩的。

3. 资本增加趋势比人口慢的证据

我们接着讨论资本增加的趋势。如果资本增加得像人口一样快，那么，随着劳动者的增加，雇用手段和生活资料也会同时增加；大部分人就不会日趋贫穷。

虽然我们发觉，在财产有安全保障的地方，人类有相当大的节约意愿；在政府消耗不大、生产困难不大的地方，人们的节约足以使资本增加；可是在人类栖身的几乎所有环境中，这种意愿如此之弱，以致资本增加缓慢。

每年的产品总是以这样的方式分配：一种是大多数人比较丰盛地得到生活必需品和享受品，此时当然只有小部分产品用于增加富人的收入；另一种是大多数人只能得到必需品，此时自然有一收入巨大的阶级。每一个社会的状况都接近于前一种或后一种情况。

(1)在一个阶级仅能得到生活必需品而另一个阶级富裕的情况下，显然前者没有节约能力。在穷人中间的富人阶级也不愿意节约。他们掌握的巨大财产一般只会刺激他们享受的欲望。已经拥有一份财产的人沉湎于财产能够带来的享受，节约对他们没有什么引诱力。在这样的社会情况下，资本的迅速增加受到一般无法抗拒的原因的阻碍。

(2)我们接着考虑每年产品的很大一部分在大多数人中间分配的社会状况。在这种状况下，不论是劳动阶级还是不劳而获阶级，都没有任何节约的强烈动机。

当一个人拥有我们现在认为大多数人拥有的食物、衣服、住宅以及其他不但足以使他过舒适生活而且过快乐生活的物品的时候，他就拥有了人生全部物质享受手段。享受之余大部分时间沉溺于幻想。有两种人：一种人推理力强，他们能为了今后更大的快乐抗拒目前的快乐；另一种人推理力弱，他们很少能抗拒当前享受的诱惑力。当然，对于后一种人，不能期望他们普遍具有节约的动机。另一方面，有充分理智能恰当地估计欢乐的那些人，不会看不到，他们在合理欲望得到满足后，积攒一个一个便士所能获得的快乐抵不上我们提到的环境中的快乐，因而这种快乐是他们务必放弃的。我们本性中较高尚的成分和较低级的成分，在目前这样的环境里都反对积累。就节约动机的力量而言，在我们提到的环境里，它能对劳动阶级发生作用。

劳动阶级的收入份额减少后，每年产量的剩余部分，其大部分要么在少数巨富中分配，要么在大量有中等财产的人之间分配。

我们已经考察了财产巨大时的积累动机状况，发觉它绝不能产生很可观的效果。现在我们必须考察有大量中等财产和大财富不占优势的社会中积累动机的状况。在物质享受方面，这些财产可以带来最大财富所能带来的每一种享受。所以只有两种动机在这种情况下能够抵消那种立即享受的强大趋势：控制人类感情的愿望；或为孩子生活作准备的意愿。

节约动机控制人类有利感情的力量决定于财富产生的影响。在不同的社会状况中它也不同。在目前这个事例中假设的社会状况中，人分作两类：过优裕生活但财产中等的人，和工资优厚的劳动者和工匠。

第一类人的财产足够达到所有目的，不但有经济上的独立和物质上的享受，而且能满足他的爱好，生活得雅致，同时这些人组成社会的统治阶层，并能定下社会感情和爱好的调子；但他们和那些想象力容易被巨大财富的强光照得昏眩的人不是处于同一地位。属于第二类的人或劳动阶级是附属于人、由人指使的，富人一皱眉头使他们害怕，而讨富人欢心十分重要。但是当他们身处的环境给予他们独立的感觉和陶冶心灵的机会的时候，他们几乎可以不受财富的影响。因此在这种社会状况里，掌握巨大财富不能控制别人的感情，而且不能形成节约的有力动机。

关于为孩子提供生活准备方面，如果一个人没有为自己谋求比一般中等财产更多财富的强烈愿望，无论如何他也不会为他的孩子谋求较多的财富。他希望为他孩子打算的，只能是使他们处于和自己同样的地位。他急于为子女提供与他自己得到的，或希望得到的同样的手段，以有利开创生活。可以期望像这样程度为孩子提供生活保障的愿望是普遍存在的，它将保证资本有某种中等速度的增加。所以，这种情况可以认为也许是积累资本的最有利的社会状态。更为有利的状态只有移民者带着全部知识和文明生活的能力转移到无人居住或接近无人居住的地方，并有无限制地耕种生产能力最强的土地的能力。这种状况是绝不寻常和罕见的偶然事情，所以在探索人类社会普遍规律时，只需表明没有把这状态忘掉就行了。

这些讨论看来证明了人类积累资本的动机很少产生比中等更大的作用。但是人口比资本增加更快的证据并非以此（尽管它很有力量)为根据。人口增加的趋势不管它速度如何,它无论如何是均等的。它在一个时候曾经有过的增加速度,在另一个时候只要在同样有利的环境里,可以期望它以同样的速度增加。资本的情况相反。

在优等质量的土地使用尽后,不管资本使用在质量次等的新辟土地上,还是一次次以递减的报酬使用在同一块土地上,土地的产量总是和资本增加成反比地不断减少。但是,如果资本报酬不断减少,节储所自出的每年基金也会不断减少,进行储蓄的困难就这样不断增大,到最后储蓄必然中止。

人口增加快于资本的趋势就这样明显出现了。如果这种情况长期不变,我们现在探索增加速度的工作便没有什么重要性了。不管人口增加得怎么慢,只要资本增加得更慢,工资就会下降到极低的水平,以致一部分人会经常死于匮乏。除了想方设法阻止资本增加慢于人口增加的趋势,否则无法躲避这个可怕的后果。

4. 采用强制手段使资本增加快于它的自然趋势不会产生所想望的效果

采用人为的手段使人口和资本保持同步的方式有二:找寻应急方法,或者限制人口增加的趋势;或者加快资本增加的步伐,使其超过自然增长趋势。

通过立法改变人的活动过程以限制人口增加,主要使用奖励和惩罚的办法。但二者作为阻挡人类增殖趋势的办法都很不适用。假定提出一项惩罚一个孩子父母的法律,而这对父母的条件原已养不起孩子;在这种情况下不容易找到惩罚的方式,它产生的补救效果不能与它导致的极大的社会不安相抵消。这个法律也无法确定一对父母适合养育一个或两个或其他数目的孩子的环境条件。对不生育孩子的家庭提供奖励,使之能对人口政策起有利作用,那就更加困难。

在不适合由立法直接干预的事例中,它的间接行动有时能产生相当的功效;例如有一种欲望,在满足它的过程中产生有害作用,但又不容易用奖惩加以制止,可以设法用损伤较小或无害的办法使之满足。如果立法机关像经常所做的那样有时采用直接方法,更多时候采用间接方法来促使人口政策的实现,就可以避免那种有害的立法。

希望得到公众赞许的本性是一种强大的力量,在这种情况下,也像在其他情况下那样,可以大加利用。如果公众对那些因为愚昧,使自己有了众多家口陷入贫穷和失去独立的人,表示极度的不满,对那些因为自我控制而不陷入不幸和贫穷境地的人加以赞许,无疑将阻止许多这样的愚昧行为。

想要达到的结果是,使大多数人能够得到婚姻给予的幸福,而不遭受家庭人数迅速增加带来的苦难。立法的进步,人民教育程度的改善,迷信的消除,最终将(可以希望)完成调和这两个重要目的的艰难任务。

上面讲的就是立法缓和人口增加趋势的方法。现在要探索立法怎样才能加强资本增加的趋势。方法也分直接与间接两种。由于立法机关(如果措施得当)有左右社会风气的强大力量,它可以致力于使节约成为时尚,使浪费成为可耻。立法机关还可以根据过去的经验,使财产的分配状况最有利于节约。有些国家颁布了节约法令；但要制定出既有相当大的效果、又不过分干预私人生活的节约法令却不那么容易。

肯定存在立法机关可以对资本积累产生很大影响的一条路子；因为立法机关可以按自己的意愿占有当年净产量的一部分，并将其转化为资本。因此，我们只需弄清用什么手段可以做到这样的转化和它将产生何种作用。

立法机关可以按自己意愿获得一部分产品的方式是简单明了的，课征适当数额的所得税就可以有效地做到这一点。

立法机关可以以两种方式的任何一种使用这样强制得到的资本：它可以把它借出去由别人使用；或者把它留在手头由自己使用。

最简单的方式也许是把它借给能够使用它并能保证归还的制造商和资本家。这样借出去的资本一年中产生的利息，在下一年可以作为资本使用。每一年产生的利息将以复利增加，只要利息一直相当高，在不多几年内便可使资本翻番。工资看来要下降时，可以征收较高的所得税。工资高得超出劳动者最想望的生活条件所必需的程度时，可以降低所得税。

我们无需探明能够产生这些效果的方法是否恰当可行，而可以径直探讨看来很可能决定事物发展趋势的另一个问题。

根据上文所述，人口增加是很快的，把资本使用在越来越差的土地上，或者一次次用在报酬越来越低的同一块土地上的速度也是很快的。

随着资本的每年报酬越来越低，资本所有人的收入会越来越少。如果资本收入不断缩小，则随着时间的推移，只有拥有大量资本的人才能从收入中获得生活资料。这是极端情况，然而并非不可能的，事物发展趋势必然会产生这种极端情况。

尚待探明的是，这些后果在多大程度上可以认为是有利的。

让我们假定劳动者所能支配的消费品的数量保持不变。那些不恃劳动工资为生的人或者依靠股票利息，或者依靠地租为生。在假设的情况下，其趋势将使依恃股息者贫困，而使地租增加。除了地主以外，社会上其他人，不管是劳动者还是资本家几乎同样贫困。每当有土地出售时，当然有大量资本抢着购买，因此，任何人只能购到非常有限的土地。

在这种情况下，出售土地可能很频繁，也可能很少出售土地。有必要考察一下这两种现象将产生什么样的后果。

在很少出售土地的情况下，后果很简单。土地所有人将成为在全都同样无望地贫穷的人们中间比较少数的富人。几乎没有任何社会现象比这更无助于人类幸福，在这里我们无须花时间加以证明。

如果不断出售土地，土地和其他财产一样不断易手，全部土地最后将被分割成许多非常小的块；土地被许多人分占，他们恃一份土地能过的生活，不会比劳动者的生活好到哪里去。这种状况本身是大家所想望的吗？在它之前或在它之后会出现令人想望的状况吗？

若发生偶然事件使一年或几年的年产量大大低于正常水平，则在有相当大一部分人比依赖工资生活者有较多收入的国家中，从他们的开支中可能有相当数量可以节约，以缓和产量不足的影响。在所有人的收入都下降到工资那样低的国家中，通常的供应若出现相当多的减缩，必将产生普遍的无法拯救的灾难。

来自我们本性的恢宏与卓越特性的全部赐福，它的进步属性，它不断推动人类知识和掌握幸福手段一步步前进的力量，在很大程度上看来有赖于一群有时间供自己支配那种人的存在；也就是，这些人有钱，足以免除为获得过一定富裕生活的生活资料而担心。就是依靠这批人，知识才得以提高和扩大；也由于这批人，知识得以普及；就是这批人的孩子接受最好的教育，准备承担社会高等和困难的职责，如议员、法官、官员、教师、各种技艺的发明家、重要工程的指挥者，有了这些人才，人类支配大自然的力量才能扩展。

那些想要弄清如何才能最大限度地增加人类幸福的人，还应思考一下什么样的人享有最大幸福。不容争辩，享有最大幸福的人是不必为生活资料与社会地位操心，同时又没有被万贯家财腐蚀的人，是有中等财产的人，总之，是为社会的改良作出了最大贡献的人，他们有可由自己安排的时间，没有必要去做体力劳动，不受任何人权力的支配，从事最愉快的职业，因而作为一个阶级，得到的享受最多。所以，为了幸福，为了把我们的自然装点得更加美丽，让这样的阶级在每一个社会里占有尽可能大的比例，这是特别令人想望的。为了这个目的，在土地给予资本的报酬降到极小之前，不应使用强制积累资本的办法使人口继续增加，这是绝对必要的。为了使社会上相当一部分人能够享受闲暇，资本的报酬必须明显地增大。有一定的人口密度，对于社会交往和增加劳动产量的诸力量的联合都有好处。但是，当这些有利条件实现时，似乎没有什么理由希望人口继续增加。如果人口继续增加，不但不会增加得自这个国家的土地和劳动的净收入，或者增加一年产量中替代已消耗资本和维持劳动者生活外的超额部分，反而会减少重要基金，这个基金的多寡在很大程度上决定社会幸福与否。

如果我们由此而推断：不可能采用强制办法使资本增加得和人口一样快来保证人类幸福，同时如果可以肯定，若人口出生过多，超过保持人口与资本平衡所要求的数字，人类幸福就会受损害，则可以清楚地看出，重大的实际问题是找出限制生育数字的办法。情况还表明，人口密度超过一定限度，也就是超过充分提供社会交往和联合劳动的利益的限度，人口再增加就不合需要了。因此确切地说，问题是找到限制生育人数的办法，使出生人数保持现有人口不再增加为准。要是能做到这点，不但从土地上取得的资本报酬仍然高，劳动者的收入也将是充足的，并将保留巨大的盈余。如果让分配的自然规律自由地起作用，这个净产量的大部分将以中等数量进入许许多多人手中，使他们免除劳动之苦，使他们在最有利的环境中享受幸福和达到最高的知识与道德水平。

我们还必须提一下，政府不但借出而且还可能自己运用它强制储集的资本。很明显，不管政府运用资本还是借出资本供别人运用，所有我们已经探明的资本增加产生的效果将必然是同样的。政府本身从资本所有人那里强行取得以加快资本增长的年产量的一部分，最好的运用方式也许就是新拉纳克的欧文先生*十分认真地敦请公众注意的方式。欧文先生提议，产量这样转化的资本应由政府运用，用以创办某些事业，每个事业都有混合性质，部分

* 罗伯特·欧文（Robert Owen，1771—1858年），英国空想社会主义者，在新拉纳克（New Lanark）创办工厂和新村，以实现他改造人的理想。——译注

农业部分工业;用以建造房屋,提供工具或机器,准备需要的生活资料和原料。在创办这些事业中,欧文先生的想法是,以优渥的待遇雇用劳动,给予受雇用者空前未有的福利。但是,欧文先生必须在两件事情中选择其一——要么让人口继续增加,要么让它停止增加。如果让人口继续增加,资本当然要与人口同步增加,那时强制增加的资本不管由政府借出还是运用在那些事业上,都将产生上面描述的全部弊病。如果欧文先生的意思是不应让人口继续增加,如果能采取适当措施有力地限制出生人口的数字,便没有创办这些事业的必要,更没有必要为此从人们手里强迫和费劲地拿走他们收入的一部分。限制出生人数就能提高工资,这样将毫不麻烦、毫不干扰地做到我们所希望的一切。如果限制出生人数的目的能够达到,其功效之大不但能将劳动者的生活条件提高到可以想望的舒适和愉快的程度,而且能完全阻止资本的积累。

第三节 利润

确认了年产量的全部分配为地租、劳动工资和资本利润,并探明了是什么规定给予地租的部分和给予工资的部分,关于资本利润的问题也就决定了,因为很清楚,余下来的部分就是利润。

从前边的说明中,可以看出地租完全不属于可以认为是资本和劳动在生产性运作中的报酬。一旦有必要把资本运用于次等质量的土地上,或有必要在报酬较少的情况下把更多的资本投入同一块土地,生产的产品中超过这较低报酬的部分,对于资本家和劳动者来说,就好像不存在似的。生产产品超过这最低报酬的部分,不论出自特定地块，或出自资本的特定部分，在它产生的时候便消灭了，但不影响给予那两个阶级的份额。当新的资本以较低报酬投入同一块土地时，情形完全一样，好像运用在那块土地上的所有资本的生产能力都降低到了这种低报酬水平，而相等于过去给予以前几批资本的较多报酬的产品数量，奇迹般地从天上降在产生它的土地的主人头上。

以地租形式给予地主的那一部分，是超过给予在土地上运用的资本和劳动全部报酬的超额部分，它事实上是偶然事件的结果。假设我国全部耕地质量完全一样，除了有一英亩土地外，任何部分资本运用在土地上的报酬也完全相同。我们再假设，那一英亩土地比任何其他土地的产量多五倍。至于其他土地的产量即全部报酬可以公正地认为就是给予运用在土地上劳动和资本的报酬。那单独一英亩土地生产的外加的六分之五产品，不能看成是给予劳动和资本的报酬；它应看作是那块特定土地特殊功效的意外的产物。但是对这块单独土地正确的事情对任何数量的土地也是正确的，这种情况一发生，就缩小资本任何部分的报酬，并诱使全部资本所有人限制他们的利润降到减少了的报酬的分量。

如果存在运用在土地上不付地租的任何部分资本，在这个情况下的工资和利润必然决定其他情况下的工资和利润，这是显然的。

这就充分表明，在给予不付地租运用的那部分资本的报酬以外，不存在可以认为是资本与劳动联合在土地上运作的产品，那部分报酬相当于扣除地租后允许保留的产品的数量，作为所有其他部分的劳动与资本运作在土地上的报酬。因此，除掉地租后，可以认为是劳动与资本真正产品的全部，留下来在劳动者与资本家之间分配。由此可见，在考虑是什么决定工资和利润时，可以完全不考虑地租。地租是产量减少的结果，不是它的原因，而这些产量是资本家与劳动者用以在他们之间瓜分的。

任何东西完全在两人之间分配，一个人的份额，显然也就决定另一个人的份额；因为拒不给一个人的东西必然给另一个人。所以，增加一个人的份额，一定减少另一个人的份额，反之也是同样。因而我们可以同样适宜地肯定：工资决定利润，或者利润决定工资；我们在语言或文字上要定一个标准时，我们喜欢怎么说就怎么说。

但是，正如我们已经知道，决定资本家与劳动者所得的，是人口与资本的相对数量，与资本相比，人口有过多的趋势，改变的主要关键在人口这方面，因此我们有充分理由先考虑人口，然后考虑工资，并把人口看作决定因素。

由此可见，资本家得到的资本利润决定于劳动与资本联合生产的产量中它的份额。资本利润决定于工资；工资下降它上升，工资上升它下降。

谈到由资本家与劳动者分配的产品，这样的解释是合适的，即我常常意谓这种净产品是替补已消耗资本后的剩余部分。在说到价格的成分时，我们说一种商品在市场上必须售得的价格等于三种要素：第一，在该商品生产中消耗的资本；第二，运用资本的一般利润；第三，劳动的工资；所以我们在谈到商品或商品价格划分为三部分时（像产品划分为三部分一样），我们必须把常常占很大比重的消耗掉的资本部分刨除掉，它和利润与工资截然不同。例如，如果有一种商品售价100镑，其中50镑是已经消耗的资本数，那么另外50镑就在资本家和劳动者之间分配，资本家得的是利润，劳动者得的是工资。

工资变动和利润变动二词有不同含义，对此必须加以说明。

1. 如果变动的意思是指比例的变更，那么一方面份额的变动含有另一方面份额变动的意思；而利润决定于工资的命题是确切无疑的。

2. 如果变动指的是商品数量的变动，那么利润决定于工资，以致工资上升时利润下降，工资下降时利润上升这个命题就不正确了，因为两者可能一起下落，也可能一起上升。这是任何政治经济学家未曾有过怀疑的命题。如果生产能力增加或减少，增加时两者有更多的产品分配，减少时分配的东西就少。比例保持不变，工资与利润二者在前一种情况下都上升，在后一种情况下都下降。

工资变动和利润变动这两个术语还有另一个意义。当谈到工资和利润变动时，可能意指在这两个名称下收到的东西的价值的变动。

为了看出在谈论这两个术语时是否真正指这个意义，有必要说明价值这个词的双重意义。

1. 可以在交换价值的意义上使用这个词；譬如，如果一顶帽子可以交换两块手帕，我们就说一顶帽子的价值是一块手帕的两倍。

2. 李嘉图先生在论述政治经济学原理时，用价值这个词指生产费用，不是指购买能力。因而，如果用两天劳动生产一件商品，又用两天劳动生产另一件商品，李嘉图先生说，这两件商品价值相等。同样，如果两天劳动一次生产一定数量的商品，另一次由于生产能力的改进同样劳动生产较多的商品，李嘉图先生会说，第一次生产的数量较少的商品与第二次数量较多的商品价值相等。

如果我们以交换价值或购买力的意义来使用价值这个词，也就是以购买商品数量的多寡来断定价值的大小，那就和我们已经讨论过的情况一致，我们说工资或利润的上升和下降，就是以商品数量多寡来表示。我们说劳动者得到较多数量的商品，和我们说他得到较多的交换价值，我们这两句话，指的是同一个意思。因此，从这个意义上讲，任何人都不能认为，工资下降时利润必然上升，而工资上升时利润必定下降。因为很容易看出，由于生产能力的变动，二者可能同时上升或下降，也可能其中一个上升或下降，另一个稳定不动。

我们接着要考虑，对于李嘉图先生在价值这个词上所说的意义，我们应如何正确地加以评价呢？

立即可以看出，李嘉图所说的意义，恰恰与我已经考虑过的第一种情况——比例问题相一致。如果以不变的劳动量生产的东西，继续以同样比例分配给资本家和劳动者，譬如说一半给资本家，一半给劳动者；其中有一半可能是数量较多或较少的商品，但是它始终是同一劳动量的产品；因此之故，在李嘉图先生看来，永远是同样价值。所以，在价值一词的这个意义上，利润决定于工资，工资下降它上升，工资上升它下降，就成为无可否认地正确了。

在一般说到利润时，指的不是已生产出来的商品，而是运用于商品生产的资本；包括工资，工资是资本必须预付的，当然资本家期望预付的工资和其他预付款一样，为他带来利益。利润不是用相对于产品的数量来表示，而是用资本的相对数来表示。资本家说到利润时，不是说占产量的百分之几，而是说占资本的百分之几。资本可能比产量的价值高，也可能比产量的价值低，这要看相比的资本是固定资本还是流动资本。假设有 200 镑资本，其中 50 镑在生产一种商品时消耗掉，商品出售得款 120 镑；我们首先扣除资本消耗的 50 镑；而后还有 70 镑供资本家和劳动者分配；如果我们假设 50 镑付工资作为劳动者所得份额，资本家得到他资本数的 10％；（这里资本包括预付工资）。或者说他得到产品的 28.5％（补偿消耗资本后供分配的产品）。可是这只是语言上的不同；指的完全是同一样东西；不管资本家说他得到资本的 10％，还是产品的 28.5％，他的两句话指的是同一数量——20 镑。

因此，实际上只有两种情况。一种情况中我们说的是比例；另一种情况中我们说的是商品数量。在第一种情况中，利润确实地决定于工资。在另一种情况中，说利润决定于工资虽然也不会错，因为给予劳动者的份额越多，留给资本家的份额便越少，但是为了使在数量意义上使用的语言与在比例意义上使用的语言相一致，表达的形式需要修改。

使我们的语言适应资本的比率较之适应产品的份额远为妥当；因为资本的比率在各种各样的产品中都是同样的，而资本家得到的份额根据资本对要达的到结果所起作用的大小而不同。

但是很明显，这对理论的正确性并不产生影响。如果在一种情况下资本的功效是第三种情况下的两倍，在另一种情况下是第三种情况的三倍，那么不管在第三种情况下资本家得到的份额是多少，在第一种情况下资本家得到的份额都是第三种情况下的两倍，在第二种情况下资本家得到的份额都是第三种情况下的三倍；

如果在第三种情况下由于工资提高，资本家得到的份额减少三分之一，那么另外两种情况下资本家的份额也将减少三分之一；如果一种情况下利润减少，不管减少数是资本的百分之几，其余两种情况下的利润也将减少同一百分比。

无论如何，一般说的这个百分比是从交换价值意义上说的，因而如同我们从上文中看到的，有可能出现资本家的份额变动而这个百分比不变。如果资本家的份额由于工资提高而减少，与此同时劳动与资本的生产力有所增加，那减少了的份额可能仍有以前份额同样多数量的商品；当然，交换价值和用交换价值表示的资本百分比将保持不变。

即使认为不把补偿消耗资本的产品看成分开的一部分，而把它看成资本家份额的组成部分，是论述这个主题的较好方式，上述命题也仍然是正确的。在这种情况下，准备分配的总产品与以前说的总产品不同，资本的份额对那个总产品也不是同一比例；但是劳动者所得的比例有多么多的增加，资本家所得的比例就有多么多的减少，这依旧是正确的；当资本家把他份额中补偿消耗资本的那一部分分开时，他的利润或他运用资本产生的利益将受影响，正像根据前一种说明方式所说的那样。

即使我们从数量上而不是从比例上来谈工资与利润所得的情况，也同样清楚，和前一个说明方式一样，在双方份额变动时商品的数量不一定变动；而当分配的产品数量没有变动时，双方的份额有可能变动；另一方面，分配的产品数量可能增多或减少，而双方的份额却不变。同样正确的是，除非生产工具的生产力有了变动，否则一方得到的产品数量没有变动，另一方得到的产品数量不可能有变动；因之，下面是一连串相互关联的正确命题。

1. 在一种商品或多种商品生产中有关双方——劳动者和资本家——得到的作为他们合作报酬的东西，就是给予他们的一份产品。

2. 没有另一方得到份额的减少，一方得到的份额不可能有相应的增加。

3. 这些份额不变时，根据生产的产量的增加或减少，作为份额内容的产品数量可能增加或减少。

4. 根据你把价值一词应用在后果（产品数量）上或者应用在原因（运用的劳动量）上，决定资本家和劳动者得到的产品价值同他们所得份额换位置是正确的还是不正确的。

在这种表达方式中和在前一种表达方式中一样，把份额这个说法转变为百分率的说法同样容易。产品的总数或它的交换价值可能比运用的资本量大，也可能比它小。如果完全是流动资本，在生产过程中消耗掉，如果像寻常所说，我们假设资本包括工资在内，则产品便大于资本，超过部分就是利润。让我们假设资本为 500 镑，利润为 10%；产品的价值为 550 镑；我们再假设资本家支付工资 275 镑；换言之，劳动者的份额为 50%；于是资本家的份额也是 50%；但 550 镑的 50%要比他原来 500 镑资本的 50%大，等于他资本的 55%。若他从他所得份额中扣除必须补偿支付工资以外其他消耗的资本部分，也就是 500 镑减 275 镑等于 225 镑，则他有 50 镑的盈余，相当于他资本的 10%。

让我们接着再举一个例子，假设资本和上例一样为 500 镑，但全是固定资本，除了预付工资部分外，资本完全没有消耗掉；工资很少，只有25镑；生产出来的商品价值75镑；在75镑中有25镑或三分之一是劳动者的份额；50镑或三分之二是资本家的份额；后一数字虽占产品价值的66.6%，但只占资本的10%。

有一种察看资本家毛利的方式，它有简化我们解释的好处，因此很有必要提一下。对于固定资本和流动资本的运用，我们可以将其当作一回事，只要把固定资本看作一种产品就行了，它在每一生产过程中经常被消耗和补偿。没有被消耗掉的资本可以永远看作外加的商品，看作生产过程的成果。

根据这个假设，资本家的份额永远等于他的全部资本加资本的利润。

我们可以用两种方式计算资本：第一种包括工资在内；第二种不包括工资。

在第一种方式中，我们假定资本为500镑，其中100镑支付工资，生产出来的商品价值550镑。资本家的份额是450镑，或略高于五分之四，而劳动者的份额不到五分之一；在这个例子中，在补偿消耗掉的资本后，资本的利润是10%。

在第二个方式中，我们假设资本为400镑，不包括工资。这笔资本投入运作，而必要的劳动者不取工资，自己设法生活，到生产出商品时劳动者得到他们的份额作为报酬。商品价值550镑，其中100镑属于劳动者的份额。利润率和上个例子相同，份额的比例也和以前一样，不同的仅仅是在前一个例子中劳动者的份额由于预先付款，蒙受10%的折扣。在这两个例子中的真正份额，资本家是五分之四，工人是五分之一。

显而易见，只要资本和劳动保持不变，并且所得份额也保持不变，则用李嘉图先生对价值一词解释的意思说，不管资本和劳动得到的产品数量是多少，各方所得的价值也就不变。

资本和劳动保持不变同份额保持不变一样，都是产品价值保持不变的必要条件；因为如果这两者任何一方有增减，则用李嘉图先生对价值一词解释的意义来说，产品的价值也将增减。

既然我们假设产品的数量不变，我们可以使用下列例子说明这个问题。

1.假设资本和劳动以相同比例减少。这个假设完全和劳动与资本的生产力增加的情况一模一样；因为它们的结果相同，即用较少的生产成本得到同样的产量，或者用同样的生产成本得到较多的产量。这种情况是我们已经讨论过的。

2.我们假设资本减少而劳动没有减少。这还是和生产成本减少的情况一样。生产550码布的产品(它开始时是用400码布的资本和工资为产品五分之一的劳动生产出来的)如果只需要200码布的资本，但劳动量仍和先前一样；假设劳动者得到和以前同样的份额，则资本必然得到更大的份额。假如，在这个例子假定的生产力增加以前，当时生产550码布产品需要有400码布的资本，当时运用的劳动量的工资为110码；现在以与以前相同量的劳动和只要200码的资本可以生产550码的商品。这宗商品的价值为330码，相当于资本及其利润和工资。在330码商品中，劳动者得到110码或三分之一。这个数字对200码资本的比例与对400码资本产值的五分之一相同。如果说劳动当时在400码资本帮助下对550码产品作出五分之一的贡献，它在现在提出的例子中，在200码资本的帮助下对产品作出三分之一的贡献。550码的三分之一是 183 $\frac{1}{3}$码;给予资本家 366 $\frac{2}{3}$码,或等于他资本 83 $\frac{1}{3}$%的利润。根据我们已作和一再反复的解释,由于生产力的增加,这里对劳动和资本都有外加的产品;这种外加的产品就是在交换中扩大的价值,它们是同一件事情的两种说法。但是按照李嘉图先生对价值一词的解释,只要比例不变,对劳动和资本只有相同的价值。

我为说明问题提出的那些例子都是劳动和资本的生产力有所扩大的例子;同样的推理只要在细节上作必要的修正就适用于生产能力缩小的例子,因而看来没有必要引用那样的例子来拖长对这个问题的分析。

*　　*　　*

此处读者回顾一下上边学到的东西,弄清他前进步伐的层次和重要性,也许是有好处的。他已经懂得,什么是生产构成国民财富的那些商品所根据的规律;和什么是生产出来的商品的分配规律。

读者已经理解,有两种生产手段,一种是主要的,另一种是次要的。劳动是生产的主要手段;除了从资本那里得到帮助外,它的生产力的扩大主要依靠限制每个人生产工作的种数,换言之,依靠的是所谓劳动分工。资本是劳动的辅助,不但因为在时间次序上它是后随的,而且因为它依附劳动而存在;因为第一批资本是纯劳动的结果,因为以后它是劳动与资本结合的结果,因此可以把它分解为劳动——所有生产的最终源泉。

读者也已经理解,由劳动与资本的运作生产的物品起初划分为三部分:地租、劳动工资和资本利润。在不了解决定这三个部分界限的规律以前，哪些作为地租，哪些作为利润，哪些作为工资，政治经济学的几乎所有结论全是含糊和模棱两可的。人们知道，地租可以认为是独立于劳动与资本的生产力一般后果的东西；它是土地特殊缺点的结果：土地对陆续投入的资本不能继续生产同等多数量的产品；它是使用在土地上生产较多的资本所生产的产品超过生产最少的资本所生产的产品的超过额。三部分（劳动产品就在这三部分之间分配）中之一的界限确定后，就可以看出，可以认为是劳动和资本合作的真正结果，留下来由劳动者和资本家分配；读者很容易看出，关于两者的比例，如果归于其中一个的份额增加，归于另一个的份额就要减少，从这个意义上说，工资和利润互为轻重；然而，就这些份额所包含的产品数量而言，生产手段的生产力是决定因素。

第三章　交换

第一节　得自商品交换的利益的性质；交换中使用的主要媒介

当两个人手头有超过他们需要的东西，譬如，一个有粮食多余，另一个有布匹多余时；第一个人希望有更多的布匹，第二个人希望有更多的粮食；倘若他们能进行交换，用一个人的部分粮食交换另一个人的部分布匹，对两人都是极大的方便；其他交换的例子也一样。

有两种人介入交换，对交换起了很大促进作用。第一种人叫运输人，第二种人叫商人。

当劳动的分工和分布达到一定程度时，生产商品的地方往往离开需要商品消费的地方有一定距离，常常有很远的距离。有必要把它们从一个地方运往另一个地方。运输人有两种：陆路运输人和水路运输人。做运输生意需要资本和劳动。陆路运输中，需要四轮或二轮运货车、马匹或其他牲口、车辆和牲畜的维修和饲养以及必要数目的人手；水路运输中，需要船只和供养驾驶船只的人；这些构成所需要的资本。

人们需要消费物品时，为得到物品人们每次都要去找常常彼此离开很远的有关制造人和生产者极不方便。当消费者发觉在一个地方聚集有他们需要的全部或大部分东西时，这可以省却他们巨大的麻烦。就是这种方便产生了商人阶级，他们从制造商那里买进所有那些物品，把他们整理得便于使用，他们期望卖出时有利可得。

在小市镇里，一个或几个商人就能供应全体居民的需要，一个商人的店铺备有全部或大部分种类一般需要的物品。在人口较多的地方，不是有许多商店，每家商店经营几乎所有种类的货物，而是为方便起见把货物分成许多种类，每家商店只经营特定种类的货物。例如一家经营帽子，另一家经营针织品；一家经营玻璃器皿，另一家经营铁器，如此等等。

第二节　什么决定商品彼此交换的数量

当一定数量的一种商品交换一定数量的另一种商品，譬如用一定数量的布交换一定数量的谷物时，有某种东西决定布匹主人愿意用布匹换取一定数量谷物；同样，也有某种东西决定谷物主人愿意用谷物换取一定数量布匹。

显然，这首先就是供需原理。如果有大量谷物上市要交换布匹，只有少量布匹要交换谷物，则大量谷物只能交换少量布匹。如果上市的布匹增加，谷物的数量不增，那么交换一定数量布匹的谷物数量将成比例地减少。

但是这个回答并不能完全解决问题。商品彼此交换的数量由供求的比例决定。由此显然需要探明是什么决定供求的比例。什么是供给满足需求所根据的规律，是政治经济学最重要的课题之一。

需求引起供给，需求的丧失消灭供给。当对商品的需求增加时，如果供给有能力增加，就会作为正常的后果而随着增加。如果对商品的需求完全停止，就不再生产商品。

此种因果联系关系容易解释。把谷物投入市场的成本是那么多，把布匹投入市场的成本是那么多。为了简便起见，这里假定市场上的商品只有两种，不管这两种商品是多是少，就结果而说没有重大关系。

把谷物投入市场的成本有时和布匹的成本相同有时不同。如果相同，那些把它们带入市场的人就没有改变两种商品数量的动机。他们为生产它们投入的劳动，不能在交换中得到更多的商品。如果成本不同，立刻引起改变比例的动机。假设把全部谷物带入市场的成本比带入全部布匹的成本大；假设全部谷物一次或分批交换成全部布匹；带入布匹的人在这种交换中得到一定数量谷物的成本比生产谷物的那些人把它带入市场的成本小；另一方面，把谷物带入市场的那些人得到一定数量布匹的成本比制造布匹和把它带入市场的成本大。

此时出现减少谷物数量和增加布匹数量的动机；因为生产谷物和用谷物交换布匹的人，若把他们的生产手段从生产谷物转移到生产布匹，便能得到较多的布匹。等到运用同样数量的生产手段在布匹生产上所得到的布匹不比把这些生产手段运用在谷物生产上然后用谷物交换布匹更多的时候，改变一种商品与另一种商品相比较的数量的全部动机就中止了。生产谷物不比生产布匹有更多好处，生产布匹也不比生产谷物有更多好处。双方的生产成本相等。

因此，商品的相对价值，换言之，即一种商品数量交换另一种商品数量的多寡，开始时似乎决定于供求关系；但最后决定于生产成本；因而确切地说，完全决定于生产成本。供求的增加或减少可能暂时脱离生产成本点，使一种商品数量交换另一种商品数量增加或减少；但是在竞争规律没有受阻碍的地方，这个规律总是永远把数量关系带回成本点，并使之停在那儿。

可见生产成本决定商品的交换价值。但是生产成本本身也有一些含糊不清的地方。

生产中通常包括两种手段：劳动和资本。

因而有两种情况，一种是生产成本包括劳动与资本二者；另一种是二者之一融合在另一个之中。如果其中一个能够融合于另一个，那么生产成本就不包含两种手段。

乍见之下，提出的意见无疑是，生产成本只有资本一种。资本家支付劳动者的工资，购买原料。并期望他所花费的钱将在商品价格上归还给他，外加他使用整个资本的正常利润。从这个观点看问题，看来生产成本只是花费的资本以及在生产中运用全部资本的利润。

可是，人们很容易看出，在这样理解的资本这个名词中有意义不明因而是错误的地方。当我们说资本和劳动这两个生产手段属于两个阶级时，我们的意思是说，劳动者对生产作出了一定贡献，资本家也作出了一定贡献；生产出来的商品以一定比例属于这两个阶级。但是情况可能是这样，双方中的一方在生产完成以前购买了另一方的份额。在这种情况下,生产出来的全部商品属于购买另一方份额的一方。事实上,资本家确实在雇用劳动者时,通过支付工资购买他们的份额。当劳动者为他们的劳动收受工资,不等待付给他们生产出来的一份商品时,显然他们出卖了他们那一份的权利。于是,资本家不仅是资本的所有人,而且也是劳动的所有人。如果作为工资支付的钱,像通常认为的那样,包括在资本一词中,离开资本谈论劳动就是荒谬的了。像这样使用的资本一词包括劳动和资本二者。因此,说商品的交换价值决定于根据这个意义理解的资本,就是说交换价值是由劳动与资本联合决定的。但是,这又回到我们开始的那一点上去了。把劳动包括在资本一词的定义中,然后说资本(劳动不在内)决定交换价值,那是毫无意义的。如果把资本理解为不包括购买劳动的钱,因而不包括劳动本身,则很显然,资本也就不决定商品的交换价值了。

如果不需要资本,劳动是生产的唯一手段,那么一天劳动生产的一种商品就可以交换一天劳动生产的另一种商品。在原始社会中,如果猎人和渔夫想改变一下他们的食物,一个用一份猎物交换另一个的一份鱼,则他们一天所得的平均数量就是交换的标准。如果不是这样,两个人中的一个的工作就比他的邻人不利,他当然要用全力从原来的工作转到另一个工作。

在估计劳动的同等量时,当然要考虑到不同程度的强度和技巧。如果有同等强度和技巧的两天的劳动产物,可以彼此交换,那么一天强度更大和需要更大技巧的劳动产物就可交换较多的东西。

所有资本实际上都以商品形式存在,农民的资本不是他可能拥有的金钱,因为他不能把它运用在生产上。他的资本是他的农具和牲畜。

由于所有资本存在于商品中,因此当然,第一批资本必然是纯劳动的结果。第一批商品不可能由存在于它们之前的商品生产出来。

但是,如果第一批商品(当然也是第一批资本)是纯劳动的结果,那么这第一批资本要交换的其他商品的数量必然以劳动来计算。这是我们刚刚建立的命题的直接后果:在劳动是生产的唯一手段的地方,商品的交换价值由生产该商品的劳动量决定。

如果这个道理得到确认,必然的推论是所有商品的交换价值由劳动量决定。

如刚才已经知道,第一批资本是纯劳动的结果,其价值与生产它的劳动成比例。这批资本就在生产中同时产生。有人坚决主张,一俟资本在生产中同时产生,生产的商品的价值便由这批资本的价值决定。但是,我们刚才说过,这批资本的价值由劳动决定。所以,说产品的价值由资本价值决定是没有用的,你必须超出资本价值,去追问资本价值是什么,它的本身是由什么决定的。说产品价值决定于资本价值,但资本价值决定于劳动量,实际上就是说产品价值决定于劳动量。

因而不容否认,不但第一批资本的价值,而且由第一批资本生产的商品的价值,同样都由劳动量决定。第二批资本必定存在于由第一批资本所生产的商品里。因此它必定以劳动量计算价值。以后每一批资本都可以应用同样的推理。第一批资本的价值由劳动量决定;第一批资本生产的商品由第一批资本的价值决定,但是第一批资本的价值也是由劳动决定的。由此可见,直到最后一批资本的价值是由劳动决定价值。如此继续下去没有穷尽,生产连续下去,情况永远相同。如果所有资本的价值由劳动决定,则无论如何可以说,所有商品的价值必定由劳动决定。

的确,商品价值依资本而定的说法是所有谬论中最明显的一个。资本就是商品。如果说商品价值决定于资本价值,那么它就是决定于商品价值,也就是说价值决定于价值。这不是对价值的解释,这显然是一种完全失败的解释。

由此可见,最终是由劳动量决定商品彼此交换的比例。

有人提出这样一种现象向这个结论质疑,所以有必要加以解释。

有人说,商品的交换价值受时间的影响,与劳动无涉;因为当资本利润必须包含在内时,若生产一种商品所需要的时间超过生产另一种商品所需的时间,就必须按超出的时间增加利润。例如,如果用同样的劳动量在同一段时间里生产出一桶酒和20袋面粉,它们在这段时间结束时将彼此交换;但是如果酒主人把酒放进地窖,保存两年,酒的价值就超过20袋面粉,因为两年的资本利润必须加在原来的价格上。这里有外加的价值,但肯定并未施加新的劳动;因此可见,劳动量不是决定交换价值的原因。

这个反对意见建立在对利润性质的错误理解上。实际上,利润是测量劳动量的尺度,而且是我们研究资本问题时可以依赖的唯一测量尺度。这点能够用严格的分析加以证明。

如果生产两种商品,例如,一包准备立即消费的丝绸和一架属于固定资本的机器,如果那包丝绸和那架机器是在同一时间用同样劳动量生产的,它们肯定可以恰当地彼此交换。显然是劳动量决定它们的价值。

但是假设机器主人不出售机器，为了靠它谋利打算使用它，他这样做的真正特点和性质是什么呢？他不想一次得到机器的价格，他愿有推迟的每年这么多的收入；事实上他等于得到资本总数的每年收入，这笔年收入由市场竞争决定多寡，它是资本金额确切的等价物。不论资本金额对年收入的比例如何，不论年收益的期限是10年还是20年，都是原来机器价值的每年收入。因此，结论是不容置疑的：如同把造出来的机器立即卖掉，它的交换价值是制造它的劳动量的实际尺度一般，十分之一或二十分之一的价值尺度同样是十分之一或二十分之一的劳动量。

如果花100天劳动制造的一部机器被用来生产一种商品，它在生产这种商品中损耗报废；同时如果使用100天纯劳动制造另一种商品；如果不考虑时间长短不同这个因素，这两种商品可以彼此交换。

现在作一种不同的假设，这部机器是固定资本物，不会很快损耗掉，那么会出现怎样的后果呢？在前一个例子中，100天劳动由于机器损耗而消费掉；但第二个例子中的100天劳动未被消耗，因为那部机器没有损耗。但是，因为100天劳动是整个被使用的，其中有一些劳动被消费掉。我们说有多少劳动被消费掉了呢？我们可以用得到的等价物精确地衡量所消费掉的劳动。如果在机器损耗时得到的等价物是100天劳动的代价，那么，使用一年机器（不损耗）得到的等价物，不论在制造机器的劳动总量中占多大比例，都必然代表花在机器上的劳动的相应比例。

资本可以正确地被称为贮藏的劳动。由100天劳动生产的资本就是100天的贮藏劳动。但是,若构成资本的物件未被损耗,则这100天的贮藏劳动也未被全部消费掉。只有一部分劳动被消费掉了,哪一部分呢?对于被消费掉的那一部分我们不能直接测量,只能间接测量。如果以年收益支付的资本是以百分之十的比率支付,则可以正确地认为一年中消费的为十分之一的贮藏劳动。

通常引用来说明劳动不增加而价值增加的例子是酒的例子。酒只要存放在商人的地窖里就会增加价值。

可是提出这个例子来反驳上面推论的那些人没有看到它反对他们自己主张的力量。他们的理论是商品的交换价值是由生产成本决定的。生产成本就是完成产品所需要的费用。当酒放入地窖时,它的价值等于生产中所消费的资本数量。在它放在地窖里的时期,能不运用更多的资本,也不运用更多的劳动;但是它获得外加的价值。为何酒在没有运用更多资本时能获得更多价值这个问题,与它在没有运用更多劳动时能获得更多价值同样难以解答。

只说必须支付利润不解决问题,因为这样说只会使人问,为什么必须支付利润。对于这个问题,唯一的答案是说利润是劳动的酬报;劳动没有直接运用于讨论中的这个商品,但它通过其他商品(劳动产品)运用在了这个商品上。一个人拥有100天劳动生产的一部机器,在使用机器时,机器的所有人无疑运用劳动,虽然是间接意义上的劳动,也就是运用只有通过劳动中介才能占有的东西。让我们假设,这部机器设计刚刚能使用10年,每年花费100天劳动成果的十分之一,从成本和价值看来情况也一样,可以说是花费了10天劳动。每年付给机器所有人花在机器上的100天劳动的也是这个比率,也就是付给他为期10年的一笔年金,这样就相等于机器原来的价值。从这些事实看来，利润就是劳动的酬报。称它为工资，的确也无不可，它不是直接用手而是间接使用用手制造出来的工具的那种劳动的工资。如果你可以用工资数量来衡量直接的劳动量，你也可以用资本家利润的数量来衡量那种间接的劳动量。无疑，不用说，如果这种对利润的解释正确的话（它似乎是不容否认的），它就适用于所有的特定事例，适用于地窖内的酒，也适用别的事例。假设有 100 个人在一天中造成一部机器，另有 100 人第二天使用这部机器，一天就把它用坏；造机器的 100 人和使用机器的 100 人将在他们之间平均瓜分产品。前者得到的份额是资本的报偿，但毫无疑问，显然也是劳动的报酬。不论怎样，劳动能增值，也就是说能产生比生产产品所消费的更多的价值，也就是得到的金额超过补偿消费的资本，从而构成利润。

使用在土地上的资本的利润决定资本在所有其他使用中的每年利润率，当然也决定使用在酒窖中陈化酒的资本的利润率。酒窖里酒的情况完全与一年中损耗的机器相同，机器也是不另增劳动自行工作的。新酒（也可看作是一部机器）由它的产品、具有外加价值的陈酒取代，这与使用在土地上的资本的情况相同；对其中一种利润所作的说明也是对另一种利润的正确说明。

第三节　工资和利润的波动对交换价值的影响

我们在说到劳动与资本两种手段生产商品（资本是劳动的结果）的时候，我们实际上的意思是说，商品是由处境不同的两种劳动量生产的：一种是直接的或基本的劳动，由劳动者的手直接运用的；另一种是贮藏的或辅助的劳动，它是前一种劳动的结果，或者用来帮助前一种劳动，或者是贮藏着劳动的东西。

在这两种劳动中，可以看到两件事情：第一，它们获得报酬的比率不是永远不变的，就是说，一种劳动报酬提高，另一种报酬不一定提高，一种劳动报酬减少，另一种报酬不一定减少。第二，它们在所有商品的生产中不是以同一比例使用的。

如果任何两种劳动，它们的工资不是按同一比例升降的，它们对所有商品生产的贡献不是全都程度相同，那么，由于它们的贡献大小不一，就会形成交换价值的差异，就像工资率经常波动那样。

如果说所有商品都由一部分熟练劳动和一部分非熟练劳动生产，可是它们在不同商品中使用的比率不同，如果熟练劳动工资一旦上升，非熟练劳动工资就上升更多，则很明显，这两种劳动工资一旦上升，那些使用非熟练劳动比例较大的商品与使用非熟练劳动比例较小的商品相比较，价值将上升。同样明显的是，虽然这两种劳动工资发生变化的不同比率和它们使用在不同商品生产中的不同比例，在工资升降时，将改变各种商品的相对价值，但这丝毫也不影响劳动量决定交换价值这个命题的真实性。

当我们考察的以不同比例运用的两种资本是所谓基本劳动和辅助劳动的时候，情况也完全不同。

有三种情况可以举以说明劳动与资本各自对生产的贡献。两种情况是极端的，一种是适中的。第一种情况是单用直接劳动不用资本生产商品；第二种情况是一半由资本一半由直接劳动生产商品；第三种情况是不用直接劳动只用资本生产商品。也许不存在与极端情况完全相符的实际事例。但是接近这两种情况的事例是有的；说明了最简单的事例，也就能够很容易地正确说明它与其余同类事例不同的地方。

如果商品生产中使用两种劳动，如果一种劳动的酬报上升时另一种劳动的酬报下降，那么，生产中使用第一种劳动比例较大的商品，在那种劳动的酬报上升时，它的交换价值与生产中使用第一种劳动比例较小的商品相比将会上升。但是上升的程度取决于两个因素：第一，取决于一种劳动酬劳上升时另一种劳动酬劳下降的程度；第二，取决于第一种劳动使用在这种商品生产中的比例超过它使用在另一种商品生产中的比例的程度。

于是，第一个问题是，工资上升时利润会以何种程度下降？这是唯一的一般性问题；因为在不同商品生产中这两种劳动的结合程度，决定于每一特定事例的具体情况。

如果全部商品生产属于第一种情况（作为例子，我们在上面假设了三种情况），为了简便起见，我们可以把它们称为第一种情况、第二种情况、第三种情况，换言之，如果全部商品完全由劳动生产，资本只用来支付劳动工资，在这种情况下，劳动工资上升多少，资本利润就要下降多少。

假设有 1 000 镑资本以这种方式运用，利润为百分之十，商品的价值为 1 100 镑，这笔钱补偿资本及其利润。可以把生产出来的商品看成包含 1 100 份，其中 1 000 份属于劳动者，100 份属于资本家。在这种情况下假定工资上升百分之五；显然资本家得不到 1 100 份中的 100 份，他只能得到 50 份，所以他的利润不是百分之十，只有百分之五。他必须支付的 1 050 镑工资。不能使商品提价来补偿他的收入减少，因为我们假设的是全部商品处于同一状态；因此在商品价值 1 100 镑中，留给他的只有 50 镑。

如果全部商品生产属于第二种情况，则利润下降仅为工资上升的一半。如果我们假设 1 000 镑支付工资，另有 1 000 镑运用于固定资本。利润和上边一样还是百分之十，这是全部开支；生产出来的商品的价值为 1 200 镑，因为这是补足消耗资本和支付全部利润的数目。在这种情况下，可以认为商品由 1 200 份组成，其中 200 份属于资本家。如果工资提高百分之五，工资不再是 1 000 镑，资本家须支付 1 050 镑，他还可保留 150 镑作为利润，换言之，他的利润只减少了 2.5%。

即使我们假设那不是用于支付工资的 1 000 镑资本有一部分用作流动资金，在生产过程中消耗掉，需要加以添补，情况也完全一样。例如，在 1 000 镑用以支付工资的同时，500 镑用作固定资本购买耐用机器，另外 500 镑用以购买原料和其他开支。倘若开支是这样安排，商品的价值将是 1 700 镑；这个数字包括添补消耗的资本和整个资本的百分之十的利润。在这 1 700 份中，1 000 份是劳动者的份额，虽然它是在生产前预付的；700 份是资本家的份额，其中 200 份是利润。现在，倘若工资提高百分之五，上面所说 1 700 份中的 1 050 份成为劳动者份额，只有 650 份保留给资本家，在补足他 500 镑流动资金后，150 镑保留为利润。依旧和前边一样，利润只减少了 2.5%。

如果全部商品属于第三种情况，不支付工资，利润便不受工资提高的影响。很明显，商品生产愈接近这种极端情况，利润受工资上升的影响愈少。

我们设想最有可能出现的情况是，在现实中，处于一个极端和处于另一个极端的事例一样多，由于相互补偿的缘故，其结果是利润减少的程度刚刚是工资上升程度的一半。

可以探索到如下的步骤：

当工资上升和利润下降时，很明显，劳动对资本的比例较少的生产中制造的所有商品的价值，与劳动对资本的比例较大的那些商品价值相比较都将下降，这样，如果拿第一种情况即完全由劳动生产商品的情况为标准，则所有属于这一类的商品可以保持其价值不变；凡属于其他类型的任何商品都将跌价。如果拿第二种情况为标准，则所有属于这一类的商品都将保持其价值不变；凡接近于第一种极端情况的所有商品价值都将上升；凡接近于最后一种极端情况的商品，其价值都将下降。

在第一种情况下生产商品的资本家，当工资上升百分之五时，要接受百分之五的外加成本；但是当他们用他们的商品交换在第二种情况下生产的商品时，因为在第二种情况下生产商品的资本家遭受的外加成本只有2.5%，所以他们能得到的商品数量将增加2.5%。因而他们在得到在第二种情况下生产的商品时，他们获得一定的补偿，由于工资上升，他们蒙受的损失仅为2.5%。但是，在这种交换中，对于在第二种情况下生产商品的资本家而言，其结果正好相反。他们在生产商品中已经蒙受2.5%的损失，他们通过交换获得那种在第一种情况下生产的商品时，又要蒙受另一个2.5%的损失。

因而总的看来，结果是，凡通过生产或交换而占有在第二种情况下生产出来的商品的资本家，均蒙受2.5%的损失；凡占有在接近第一种极端情况下生产出来的商品的资本家，均蒙受较大损失；凡占有在接近于最后一种极端情况下生产出来的商品的资本家，均蒙受较小损失。如果这一端的情况与另一端的情况相等，整体上就全都蒙受2.5%的损失。因此，可以把这看作是利润实际减少的程度。

根据这些分析，很容易计算出工资上升对价格的影响。所有商品都是与钱或贵金属比较的。如果假设金钱是在第二种情况下，也就是以均等的劳动与资本生产出来的（这个想象也许不远离事实），那么在这种中间条件下生产的所有商品的价格不会因工资上升而变化；那些在接近第一种极端情况下生产的商品，或者说在生产中使用劳动的比例大大超过资本的商品，其价格就要上升；那些接近另一个极端的商品，或者说使用资本超过劳动的商品，其价格将下落。从所有商品总体看，价格既没有上升也没有下落。

根据这里提出的解释，很容易看出“价值尺度”的含义，以及它与我们力图阐明的“价值调节器”的区别。

金钱即贵金属铸币，特别适合作价值的尺度，这一点从前面的论述中看得很明白。一定数量的贵金属有已知的价值，用它来衡量其他物品的价值；譬如这件商品价值是这些金属的两倍，那件商品是这些金属的三倍等等。

可是很显然，只有贵金属本身保持不变价值，它才能保持为价值的精确尺度。如果有一种商品，过去的价值是一盎司白银的两倍，现在变成白银的三倍，如果我们知道白银价值未变，我们就能知道变化发生在这个商品的价值中。

但是，没有一种商品可以用作价值的尺度，因为没有一种商品在生产它所需要的劳动与资本数量变化时，在生产其他商品的劳动与资本数量变化时，以及在工资和利润变动时，它的价值或它的购买力不变化。

生产所需要的劳动数量的变动引起的价值变化是最重要的。因为，如果我们能够确知，选定作为价值尺度的商品本身是在不变的环境中生产出来的，也就是说是以不变数量的直接劳动和贮藏劳动生产的，则这种商品将总是能达到如下目的：第一，它将以对同样劳动与资本比例生产的商品的购买力的每一次变化，来表明那种商品生产成本的变化，或表明决定其价值的生产成本出现了变化。第二，计算它由于工资和利润变化而产生的价值变动的结果，可以适用于不是以同样劳动和资本比例生产的商品。

因此，如果黄金是在第一种情况下生产的，例如使用纯劳动从河床里挖出，而且永远是同等数量的劳动得到同等数量的产品，那它将永远是由纯劳动生产的所有商品的精确而直接的尺度。但是，若工资上升和利润下降，则黄金在这种条件下与在第二种情况下生产出来的商品相比，价值将上升，尽管这些商品生产中需要的劳动与资本数量并无变动。所以很明显，在这种条件下，黄金的价值随着劳动工资的波动而波动，要它作为价值尺度是很不完美的。如果订立一个合同，例如20年每年付一定黄金，到20年期末时，支付的数量可能比开始时支付的多百分之十或少百分之十。黄金所能支配的劳动数量始终未变，但它所能支配的借助于资本生产出来的各种商品的数量却发生了变化，变化幅度与生产这些商品使用资本（不是劳动）的程度成比例。

虽然我们通过严格分析能够发现，交换价值与生产中所花费的劳动量成比例，但是有三种情况妨碍把劳动作为价值尺度。

首先，运用在生产中的劳动有两种，而产品中含有两种劳动的程度常常变化，因而正如我们已经看到的，使不同比例的这两种劳动生产的商品的交换价值发生相应变化。其次，我们对于贮藏劳动使用在生产中的确切数量，除了以它带给商品的价格来衡量它的数量外，没有事先测量的实际办法。第三，劳动的生产力不是永久不变的。如果一天的劳动总是生产同一数量的黄金，但不是生产同一数量的谷物或布匹，黄金对于谷物和布匹的交换价值就有变化。

从这些解释中还可以看出，没有别的东西能用来作为精确测量价值的工具。

我们可以认为，任何商品都是在上文指出的三种情况的一种之下生产出来的。如果我们把在第一种情况下生产出来的一种商品，例如手工挖掘的黄金当作我们的尺度，则它永远可以购买到同一数量的纯劳动和同一数量的纯劳动生产出来的商品；但是它无法购买同一数量的需要劳动或多或少的商品，也无法购买同一数量的贮藏劳动的产品，当工资上升时所能购买到的这种产品的数量就减少，当工资下降时所能购买到的这种产品的数量就增多。我们如果拿在第三种情况下单独由贮藏劳动生产的一种商品作为我们的衡量尺度，则它永远可以购买到同一数量的贮藏劳动的产品（在贮藏劳动的生产力不变的情况下），但所能购买到的直接劳动的产品，却会随着利润和工资的升降而减少或增加。在中间情况下生产出来的商品最符合我们的目的；因为绝大多数商品的生产条件较接近于中间条件，而不是接近于两个极端条件。因此，在中间条件下生产出来的和在生产中两种劳动的数量变动较小的黄金作为交换媒介，较之几乎任何其他商品具有这种和其他的可取之处，它作为价值尺度，比几乎任何其他商品都完美。有些偏差是明显的，是在某种程度上能够预见到的，实际的远见性可以用正确的预防措施纠正偏差。当发生巨大和意想不到的变化时则难以做到这一点，那时必定将发生混乱。

第四节　国家间交换商品符合各国利益的理由

我们业已了解，劳动分工和劳动合理分布产生的好处形成出现商品交换的部分动机。人们不会愿意只生产对个人福利有帮助的各种不同物品中的一种，除非他们能够通过交换手段得到其他物品。

另外还有一个因素十分明显地提供交换商品的动机。有一些商品只能在特殊地区生产，如金属、煤和其他许多至关重要的商品是某些地方的产品。某些植物产品的情况也一样，它们不是在任何土壤和气候中都能生长的。某些商品虽然不限于特殊地区才能生产，但是在某些地方生产这些商品比其他地方便利和便宜得多；例如在产煤地区生产的需要消耗大量燃料的商品；有充足水位落差的地方所制造的需要强大动力的商品；在生活资料和劳动力便宜的地方生产的需要特多人力的商品。

这些理由都是明明白白的。还有另一种原因需要再加解释。假如两个国家都能生产两种商品，譬如说谷物和布匹，但是生产这两种商品并不是同样方便，这两个国家会发觉各自只生产一种商品，用它交换另一种商品，双方都有好处。如果其中一个国家生产一种商品特别合适，而另一个国家生产另一种商品特别合适，立刻就有明显的动机诱导它们只生产特别合适的商品。即使当一个国家生产两种商品都比另一个国家条件优越时，这种动机也仍将存在。

所谓条件优越，我指的是以较少的劳动产生同样效果的能力。不管我们假设的劳动报酬如何，结局完全相同。即使波兰能够以比英国更少的劳动生产谷物和布匹，从英国进口其中一种商品也未必不符合波兰的利益。如果波兰使用较少劳动生产两种商品的程度相同，譬如说波兰生产同样数量的谷物和布匹需要100天劳动，英国需要150天劳动，波兰将不会有从英国进口任何一种商品的动机。但是如果波兰生产同样数量的布匹需要100天劳动，英国需要150天；波兰生产同样数量的谷物需要100天劳动，而英国需要200天劳动；则在这种情况下，从英国进口布匹对波兰就是有利的。这个主张的根据如下。

如果一定数量的布匹和谷物，每一种在波兰生产需要100天劳动，在英国需要150天劳动，那么，如果把英国150天劳动的布匹运往波兰，将等于波兰100天劳动的布匹。如果用它交换谷物，只能交换100天劳动的谷物。但是根据假设，波兰100天劳动的谷物与英国150天劳动的谷物数量相等。因此，英国用150天劳动生产的布，在波兰只能得到英国国内150天劳动生产的那么多的谷物；而且英国在进口时还得负担运输费用。在这种情况下不会出现交换。

如果换一种情况，波兰以100天劳动生产的布在英国需要150天劳动，但是波兰100天劳动生产的谷物，英国需要200天劳动；于是交换的充分动机便立即产生了。英国用它150天劳动生产的一批布，可以购买波兰100天劳动生产那么多的谷物；但是那里100天劳动生产的谷物数量和英国200天劳动生产的谷物一样多。可是，如果以这样方式进行交换，全部利益均落在英国一面，波兰一无所获，它为从英国得到的布，付出与它自己生产布同样的代价。

但是波兰也能够得到好处。波兰100天劳动生产的一批谷物等于英国200天劳动生产的数量，因而在我们假设的例子中，它可以在英国购买200天劳动生产的布。英国150天劳动生产的布等于波兰100天劳动的产品。波兰用它100天劳动的产品能够购买的不是150天劳动的产品，而是200天劳动的产品，它同样得到全部好处。英国可用它200天劳动生产的其他商品换得200天劳动能够生产的谷物。竞争的结果将在它们之间平分利益。

再提出如下事例：10码细布在英国可换15码亚麻布，在德国可换20码亚麻布。在以10码英国细布交换德国20码亚麻布中，有5码亚麻布的盈余就是这笔交易的结果；显然交换的利益将以如下原则分享。在英国，由于知道10码细布可以在德国换来超过15码的亚麻布，亚麻布的价格与细布相比将下降；在德国，由于知道20码亚麻布如果运往英国可以换得超过10码的细布，亚麻布的价格与细布相比将上升。这样的交换产生不可避免的后果是使这两个国家中这两种商品的相对价格趋向平衡；也就是使亚麻布对细布的购买力和细布对亚麻布的购买力完全一样；不提运费的差异(每一个国家支付它进口商品的运输费用),进口国进口那种商品的价格要比出口那种商品的国家的价格要高得多。

所以,要发生交换,必须有两个国家和两种商品。

当两个国家能生产两种商品时,一种相对的较大便利(不是绝对的较大便利)诱导其中一个国家只生产一种商品,同时进口另一种商品。

当一个国家有能力进口一种商品也能够在国内生产这种商品,它就要比较国内生产的成本与从国外进口的费用,如果后者的费用比前者少,它就进口。

一个国家从国外进口的费用,不是决定于外国生产这种商品的费用,而是决定于这个国家在交换中获得这个商品的费用与要是不进口它而在国内生产这种商品必然要付的费用的比较。

如果在英国生产 1 夸特谷物要 50 天劳动,从波兰进口谷物也许同样符合英国利益,不管在波兰这些谷物需要 50 天或 60 天或 40 天或任何天数的劳动。英国唯一要考虑的是,它用以进口 1 夸特谷物的那种商品花费的劳动是否少于 50 天。

因此,只要波兰生产布和谷物的比率是 8 码对 1 夸特,而英国的比率是 10 码对 1 夸特,交换就会发生。

实际的结论可以方便而正确地归纳如下:

只要任何一种商品对另一种商品的购买力,在一个国家比在另一个国家小,彼此交换商品对于这两个国家就都有好处。

除非商品在两国间的购买力差额(就是它使交换商品国家得到的利益)大到足以支付运输费用,并有多余,否则就无利可图。

第五节　所进口的商品是从对外贸易中获利的根源

从上一章的论述可以演绎出一个一般的或者应该说普遍的结论。从一种商品交换另一种商品中得到的利益，在任何情况下都来自拿到的商品，不是来自给予的商品。当一个国家与另一个国家交换商品时，换言之，当一个国家与另一个国家做交易时，它得到的全部利益在于进口的商品，它从进口中而不是从其他来源得到利益。

这一点看来是非常接近不言自明的道理，以至难以作更清楚的说明；可是这个道理与流行的一般见解不相融洽，以致任何解释可能也不容易为某些人接受。

当一个人拥有某种商品时，他把它丢掉不会得到好处。因而在他用它换取另一种商品的这件事情中，看来就意味着他从取得的东西中得到利益。如果他自己的商品对他的价值比用它换来的商品更大，他可以保有它不去交换。他选择要另一种商品而不要自己的商品这一事实，就证明另一种商品对于他的价值比他自己的商品大。

在国与国间的相应事实也明显地同样是结论性的。当一个国家用它的一部分商品交换另一个国家的一部分商品时，这个国家从运出商品中得不到什么，所有收益必然在于它收到的东西上。如果有人说，利益在于收到金钱，根据货币理论立即可以看出，一个国家拥有超过适当比例的贵金属，没有好处，反而有害处。

有时一个国家进口自己有能力生产的商品，如在上文提到的英国与波兰进行贸易的例子里，英国就从波兰进口谷物。如果英国用某些天劳动生产的布所能换得的谷物，要是在英国生产，需要更多天数的劳动，英国就得到好处。如果情况不是这样，英国用布在波兰采办的那么多谷物，它在国内也能以同样的劳动量生产，则英国在这种交易中就得不到好处。英国得到的好处并非来自它出口的东西，而完全来自它进口的东西。

进口一个国家自己没有能力生产的商品，这种情况更为简单。那个国家，或者更正确地说，那个国家的人民有他们自己的某些商品，他们愿意用这些商品换取其他国家的某些商品。他们宁愿要别国的商品。因此，他们不是从放弃的商品中得益(这样说显然荒谬)，而是从得到的商品中得益。

第六节　一种特定的合适商品作为交换的媒介

在彼此直接交换商品或者说在物物交换的情况下，个人的需要很难得到满足。如果一个人只有一只羊可以交换，他需要面包或一件外衣，他就会遇到两种困难中的一种：第一，拥有他愿要物品的那个人，可能不愿要一只羊；第二，羊的价值可能比他要的物品大，而羊不能分开来。

为了消除这些困难，人们希望找到一种商品，凡有商品要交换的每个人都愿接受它，它又能按照他愿意得到商品的价值，分作相应的分量。在这种情况下，那个有一只羊而需要面包和一件外衣的人，不必用羊去交换那些东西，他将首先把羊换成相等数量的这种商品，用这种商品再购买他需要的面包和其他物品。

这就是交换媒介的真实概念。交换媒介是某种商品，为了使另外两种商品能进行交换，先用其中一种商品换得它，然后再用它交换另一种商品。

人们发现，某些金属，例如黄金和白银具有交换媒介应有的种种优良特性。它们是每一个有货出售者愿意在交换中接受的商品。它们能被分割以适应购买者希望得到的其他商品的任何数量。它们还具有更多的可取之处，如较小的体积中包含巨大价值；它们便于携带；它们不易损耗；它们比几乎任何别的商品更少价值波动。由于这些原因，黄金与白银已成为地球上所有地方的主要交换媒介。

贵金属容易与较贱金属掺和，表面上难以发觉；因而人们往往会接受价值低于表面价值的贵金属。人们还发觉，每当一次交易将做成时要称它的分量很不方便。于是出现一个显然得策的补救上述缺陷的办法。可以把贵金属制成预定的纯度，可以把它分割成大小不同的块以适合各种交易；并可以在它上面加上戳记，标明它的分量和纯度。显然，加盖这样戳记的工作只能托付给人民信任的权力机关。这项工作一般由政府承担，不容他人插手。把贵金属制成最方便形式的工作（以便作为交换媒介）叫作铸造货币；由贵金属分割成的小块称为货币。

第七节　什么决定货币的价值

所谓货币价值，这里指的是货币交换其他商品的比例，或者说是指交换一定数量其他物品的货币数量。

不难看出，是任何国家货币的总量决定交换那个国家一定数量的货物或商品将要多少货币。

如果我们假设，将全部货物放在一边，全部货币放在另一边，一下子彼此交换，显然，十分之一或百分之一或任何比例的货物将交换全部货币的十分之一或任何比例，货币比例的大小恰好与该国货币总量的大小成比例。如果实际情况果真如此，那么货币的价值完全决定于它的数量，就很明显了。

实际情况似乎确实如此。一个国家的全部货物不是一次与全部货币进行交换；货物是一部分一部分交换的，数量往往很少，而且是在全年时间内随时进行的。同一块货币今天在一次交易中付出，可能明天在另一次交易中又付出。有一些货币在交易中频繁使用，有一些使用得很少，还有一些碰巧被贮藏起来，一次也未使用。在这种千变万化中，可以有一个交易的平均次数，好像全部货币使用了同一次数，也就是每一块货币使用了同一次数。我们可以任意假定一个平均数，譬如说假定为 10 次。如果一个国家的每一块货币进行了 10 次购买，就等于这个国家有 10 倍货币但只使用一次。由于每块货币的价值等于它所交换的货物，如果每块货币进行 10 次不同的交易才使全部货物交易一次，这个国家全部货物的价值就等于全部货币价值的 10 倍。

如果全部货币不是进行 10 次交易才使全部货物交易一次，而是总数多上 10 倍，但只进行一次交易，则很显然，在总数上不论增加多少，将使每笔分散使用的小量货币的价值成比例地减小。由于假设货币一次全部交换的货物数量没有变动，全部货币的价值

在货币量扩大之后要比扩大以前低。如果假定货币量扩大十分之一,每一部分货币的价值,例如 1 盎司的价值必然缩小十分之一。假设全部货币量为一百万盎司,它扩大十分之一;整个价值的损失必然要成比例地传送到每一部分;但是一百万中十分之一的损失归一百万,一盎司中十分之一的损失归一盎司。

如果整个货币数量只有上边假设总数的十分之一,它进行 10 次购买才使全部货物交易一次,当然它每一次购买的是十分之一的货物。但是,如果交换十分之一货物的十分之一货币有任何比例的增加,就等于交换全部货物的全部货币有那个比例的增加。因此,其他条件不变,货币数量有任何程度的增加或缩小,全部货币的价值和每一部分货币的价值就会有相反的同一比例缩小或增加。显然这是一个放之四海而皆准的道理。不论何时,遇有货币价值的上升或下降(与货币交换的商品数量和货币的流通速度不变),其原因必定由于货币数量的相应减少或增加,绝不会有其他原因。如果货物数量减少而货币数量保持不变,这和货币数量增加完全一样;如果货物数量增加而货币数量保持不变,这和货币数量减少毫无二致。

货币流通速度的任何变动产生同样的变化。当然,所谓流通速度是指使全部商品销售一次,货币转手的次数。

在一年之间要交换的全部商品是上面论题中考虑的数额。倘如一年产品中有一部分不作交换(如生产者自己消费的产品),或者不用以交换货币,这部分货物可以不计在内,因为不交换货币的货物,对货币的关系就像它不存在一样。如果一年之中所交换的货物中有一部分要交换两次、三次或更多次数,这也可以不计在内,因为对货币而言，其后果与货物增加这么多倍数但只交换一次一样。

第八节　什么决定货币的数量

弄清了货币的数量决定货币的价值以后，还必须探索是什么决定货币的数量。

乍一看，货币的数量似乎由政府的意志决定，政府具有铸币的特权，可以想造多少就造多少。

货币是在两种情况下制造和流通的：一种是政府听凭它自由地增加或减少；另一种是政府力图控制其数量，根据政府意愿使之增减。

当听任货币自由增减时，政府把造币厂向一般公众开放，把金银块铸成硬币，有需要就铸，不限数额。

很显然，持有金银块的个人只要有利都愿意把它铸成货币；也就是当他们的金银块造成货币时，要比生金银有更大价值。

这种情况只出现在硬币价值特别高的时候，那时同样数量的贵金属，铸成硬币后，将比生金银交换更多的物品。

由于货币的价值决定于它的数量，所以只有其数量限制在一定程度，它才有这样的价值。个人只有在货币具有这样高价值的时候，把金银块铸为货币才有利可图；但是铸币的人多了，货币的数量增加，它的价值就下降；最后货币超过金银块的价值变得十分微小，人们也就失去把金银块拿去铸币的动机。因此，如果货币的数量在任何时候小得使货币价值超过铸造它的贵金属，在自由铸币情况下，个人利之所在，立刻会扩大货币的数量。

也有可能货币数量太大，以致货币中贵金属的价值降低到低于金银块状态的价值，在这种情况下，个人利益会立即起作用来减少货币数量。如果一个人持有硬币的数量包含有一盎司贵金属，倘若这些硬币的价值低于生金银的价值，他就会有直接动机熔化硬币，使之变为生金银。这种动机继续发挥作用，直到货币数量减少到货币中贵金属的价值接近生金银价值，不再为熔化硬币提供动机时才消失。

因此，在可以自由铸造货币的情况下，货币的数量决定于贵金属的价值，是个人利益增加或减少货币数量，其程度要看货币里贵金属的价值大于还是小于金银块的价值。

如果说货币数量决定于贵金属价值，但仍有必要探究是什么决定贵金属的价值。但这个问题可以认为已经解决了。黄金和白银实际就是商品。它们是商品，为得到它们必须使用劳动和资本。因此与其他普通商品一样，是生产成本决定它们的价值。

接下来我们要考察政府试图控制货币增减，并由它的意愿确定货币数量所产生的后果。当政府力图保持货币数量少于应有数量时，如果让趋势自由发展，就将提高货币中贵金属的价值，给予有能力将其金银块转化为货币的任何人获利的机会。假定政府不准他们铸币，那些人必然求助于私人铸币。如果这种行为坚持下去，政府只能用惩办方式加以阻止。另一方面，若政府的目的是保持货币的数量大于应有的数量，则任其自然的话，这将使货币中贵金属的价值低于金银块的价值，使熔化货币有利可图。政府对这种行为也只有一个办法可以阻止，那就是惩办。

但是，只有在利润微小的情况下，惩办的作用才能压倒利润的作用。当利润的诱惑力相当大的时候，尽管政府严刑峻法，私人仍旧会铸造货币，这是大家都知道的。由于熔币比铸币容易，而且能够更秘密地进行，所以在较小利润的诱惑下也纷纷出现，而铸币需要有较大的利润诱惑。

情况就是这样，每一个国家中货币的数量自然地决定于它的价值，换言之，决定于那个国家制造货币的贵金属的生产成本；政府可以用强制手段使实际货币数量减少，达到低于自然数量的某一（但不是很大）程度；政府还可以在更小程度上增加货币数量，使其超过自然数量。

当政府减少货币数量，使其低于在自由状况下它应有的水平时，换言之，当政府提高货币中的贵金属价值，使其超过金银块的价值时，事实上等于政府在征收硬币铸造税。硬币铸造税事实上的征收办法是使发行的硬币中包含的贵金属不到政府声称的分量，或者说不到它用以交换的等价物的价值。政府按照这个原则铸币，从硬币中贵金属价值与生金银价值之间的差额中得到利润。假定这个差额为百分之五，政府以市场价得到金银块，铸成价值超过生金银百分之五的硬币。可是，如我们在前节所说，硬币只有在数量上有限制时才能保持其价值。为了能限制硬币的数量，政府的铸造差额一定不能太高，否则会鼓励人们冒险赝造铸币；总之差额不应过多地超过铸造的费用。

第九节　使用两种金属作本位币的后果，使用低于金属价值的金属辅币的后果

某些国家大量使用金银两种金属作为本位货币或法定货币。

要这样做，必须确定这两种金属间的一个相对价值。一定重量的一种金属其价值相等于一定重量的另一种金属。

如果这样确定的货币价值比例与市场上这两种金属的比价精确一致，并使其保持不变，双本位没有什么不方便的地方。任何数量的价值在这两种铸币中永远不变。

但是，市场上这两种金属的相对价值不断波动。

假设两种货币价值确定为 15∶1；换句话说，同样重量的一个金币等于 15 个银币。如果市场上发生变化，金银比价变为 16∶1，情况会怎样？

有一个人有债要偿还，比方说他的债务是 100 金币或 1 500 个银币，此时他发觉，他不用金币还债对他有利。他拿 100 金币到市场购买可以铸成 1 600 银币那么多的白银，他可以拿 1 500 个还债，还多 100 个归他自己。在这种情况下，银币将大大增加，货币的数量随之加多，从而币值降低；金币中黄金的价值小于生金块的价值；由此金币将被熔化，在市场上绝迹。

币值在向一个方向波动后，可能向另一个方向波动。白银对黄金的比价这次不是下降而是上升。比价变成 14∶1。在这种情况下，负债者用金币偿还，不用银币偿还对他们有利；上述的情形反了过来，这次在市上绝迹的将是银币。

因此，双本位会招致两种麻烦：第一，币值不但不能稳定，而且多了个变动的特殊原因；第二，每当两种金属的相对价值变动时，国家就要花钱铸造新币。

即使课征铸币税，情况也还是完全一样。假设政府课征百分之十的铸币税，如果比价变动从 15∶1 变为 16∶1，100 个金币可以买到的白银和在铸币厂换到 1 600 个银币同样多。当两种金属的市场价与法定价相同时，一个金币购买的白银不止是 15 个银币包含的白银，而是外加十分之一；在我们刚刚假设的变化以后，金币的购买力更大，它能购买 16 个银币所含的白银外，还要外加十分之一。

为了支付小额款项而使用银币，或者用以作为金币的兑换找零，如果它只是小额使用上的法定货币，那算不上双本位制，也就不应加以反对。

的确，有人断言，如果发行金银货币，把它们的价值定在所含金属的价值之上，就将引起金币的外流。但是这种说法的错误是显而易见的。

假设在我国，银币的价值高于所含金属十分之一，但其作为法定货币的最高限额为 40 先令。有人断言，因此每个人都想把黄金送往巴黎去购买白银。

巴黎和英国的金银比价自然十分接近；譬如说 15∶1。这样一盎司黄金在巴黎购买 15 盎司白银。但是在英国也是这个价。那么，到巴黎去买白银有什么利益呢？

你建议把白银铸成货币，因为银币的价值高十分之一。

但是铸币时要从你那里拿走白银的十分之一作为铸币税，因而对你来说，你拿不到银币高价值的好处。

你所铸的银币多加了十分之一的白银，使它们成色十足。

假设银币跌落到法定比价以下，那时你如果能用银子付款是有利的，但是你只能在 40 先令的范围内用白银付款；因而没有人愿意花时间跑遍市场用白银购物。

此外，政府保留拒铸银币的权利，只要它不愿便可拒绝。因而政府能够保持银币的高价。

辅币不能把本位币驱逐出国，除非辅币增加的数量使币值下落。本位铸币除非在价格上低于生金银，否则人们不会要本位币不要生金银。

第十节　货币的替代物

在这本政治经济学概论中具有相当重要性、必须加以解释的唯一货币代替物是那种支付一定金额的书面票据，它被称为纸币。

使用此种票据作为货币的代替物似乎起源于犹太人在封建和野蛮时代发明的汇票。

当两个国家，如英国和荷兰彼此贸易，例如英国进口荷兰货物，荷兰进口英国货物，问题立刻出现了，即它们如何支付货款。如果英国必须运去金银支付从荷兰购买的货物，费用相当庞大。如果荷兰有必要运金银去英国，费用同样高昂。但是，假使有两个人，一个人欠另一个人 100 镑，而另一个人欠他 100 镑，第一个人不会麻烦地数 100 镑给第二个人，第二个人也不会麻烦地数 100 镑给第一个人，他们要做的是交换他们相互所欠的债务，这是很明显的。英国与荷兰间的情况也一样。如果英国要付给荷兰 100 万镑，同时要从荷兰收取同等金额，英国不必把钱从英国运往荷兰，它将把荷兰欠它的款项交给它在荷兰的债主，以节省费用和麻烦；那些在荷兰的应偿付英国欠款的商人原来必须负担把欠款运往英国的费用，他们必定很高兴遵照命令，在荷兰支付他们欠英国商人的款项，借此节省运费。汇票实际上就是这样的支付命令。英国商人写给欠他一笔账款的荷兰商人："请向××人支付××镑"的一张票据，这就叫作开立有抬头人的汇票。荷兰商人也以同样方式对有关的英国商人开立汇票，要求欠他们钱的人付款给他们欠钱的人。如果两个国家彼此相欠的钱数正好相等，彼此要付的钱相互抵消，每一个国家为购买货物的付款，就可以完全免除运送现金的费用。即使两个国家中的一个国家欠另一个国家的钱比它能收入的钱多，它要付的也只是差额部分，可以节省全部费用的大部分。

因此，发明和使用汇票的好处十分可观。在发明汇票时期，推荐使用汇票还有一种更强烈的需要。因为那个时候政府粗暴的政策禁止贵金属输出，并对违反那个野蛮法律者施加最严厉的惩罚。

汇票不但可用于国与国间偿付债务，而且还常常在汇入国内当作货币的代替物。当开出一张远期汇票给商人时，如果这个商人需要偿债或购买货物，而当时无钱支付，他可以不付现金而付给这张汇票。这种汇票在最后由承付人支付前，常常经过几个人的手，在好几笔交易中充当了支付媒介。在这种情况下，它确实执行了纸币的职能，并导致这个重要代替物被更多地使用。

一旦发现一个声誉卓著的商人支付一定金额的票据，由于能保证见票即付，被认为与现金有同样价值，它在交易中与现金一般，毫无困难地被人们接受，于是就产生了扩大使用这种代替物的充分动机。那些为众人保存现金、惯于执行银行家职责的人，和经营各国货币交换的人，就是最早签发支付一定数量现金的票据的人，他们期望这些票据能作为现金的代替物，在买卖业务中使用。

一旦开始使用这样的现金代替物，需要的就是自由和公众对书面票据的信任，使这种票据能取代金属的使用，能几乎单独地用作交换的媒介。

尚须探明的是，使用这种代替物有什么好处和使用它容易产生什么不便之处。

第十一节　使用纸币的好处

执行交易媒介职能所需要的贵金属是用国家的商品去购买的。制造品和土地产品出口；进口黄金和白银而不是其他商品，用作交易的媒介。在单独以黄金、白银作为交易媒介的时候，在一些交换方法比较落后的国家里，金银的价值总是与国家一年的总产量成相当大的比例。如果每一个硬币在每年需要交换一次的货物中执行 100 次交易媒介职能，那么所需要的货币的价值就等于全部货物的百分之一；一年中交易的货物虽然不与一年产量完全一致，但两者十分接近，我们说它们就是年产量也没有什么出入。在货币流转不是十分快速的国家里，所需要的货币的价值可能等于一年全部产量的十分之一。

显然，国家财产用于提供交易媒介的部分不论大小，对于生产完全不起作用。除了生产需要的直接手段外，什么东西都不产生价值，直接的生产手段有：劳动者的食物，劳动者劳动的工具和机器，和劳动者加工的原料。因之，如果提供用作交易媒介的国民财产，不论占年产量的十分之一，还是百分之一，如果能不这样使用，而将其转化为食物、工具和生产的原料，那个国家的生产力，必将有相应的增加。

如果考虑到，年产量不但等于国家的全部净收入，同时也与除了固定在耐用机器之上的资本以外的全部资本相等，就很容易懂得，采用一种代替品取代贵金属作为交易媒介，能多么巨大地增加生产手段。

纸币作为交易媒介也方便得多。大量的黄金和白银是累赘的商品。在进行大笔交易时，检点金、银是一件乏味的工作。使用银行钞票，最大数目收付就和最小数目一般迅捷。

第十二节　使用纸币容易产生的不便

纸币容易产生的不便，似乎不出如下三条：

第一，发行钞票者不履行他们的保证，不清偿他们的债务；

第二，伪造；

第三，纸币价值的变动。

1. 发行钞票者的破产是一桩祸害，在良好的制度下，会自动提供最有力的安全保障措施，对付这个祸害。

如果允许竞争自由地进行，如果对加入某一银行的合伙人的人数不加限制，银行业务和发行钞票业务将自然地处于能对纸币提供充分保障的基础上。

银行的数目当然将大大增多，没有一家银行发行的钞票的流通范围能超过一个地区。

在合伙人众多的银行里，由于每个合伙人承担的风险很小，由于利润可靠和大家敏锐地感到有良好通货的重要性，因而对于当地或别的地方的权贵人物来说，有充分的动机投资当地银行，从而增加公众的安全感。

在与这样的机构竞争中，任何信誉令人怀疑的银行，不论怎样想方设法也难以使其银行券在市上流通。利害关系会使人们保持足够的警觉，在教育和知识较发达与新闻报导自由的地方，有足够的理智指导最无知的人作出正确的判断。相信人民会拒绝不可靠银行的钞票，而接受他们信任的银行的钞票。

成立众多银行，每家银行在自由与竞争的安全保障下在一个有限地区发行银行券，这还有另外一个重大的好处，那就是，倘若有一家银行倒闭，遭祸害的范围有限，只对社会的一小部分产生不利。

还有，众多银行在排挤和取代别家银行中的利益，使它们注视对手银行，要发现对方任何缺陷的征兆；它们中每一家都知道它受人注视，小心翼翼以避免会损害它信誉的任何过失。

在苏格兰，银行业就几乎建立在这种令人满意的基础上，在英格兰银行停止支付现金以前很久，那里纸币已注满流通渠道；在发行银行券的许多银行中，很少发生倒闭，尽管由于那次停付现金造成了币值的波动，和由币值波动引起了信用危机。

这些是在没有立法机关干预下，各方的利益和理智提供的安全保障。至于立法机关提供的安全保障，下面是最显著的几点。

立法机关可以规定每家银行必须每两个月向政府某一机关提出报告，一份关于它发行银行券的数量，另一份关于银行为满足支付要求而预备的准备金；同时赋予该机关适当权力，在保证金出现不足时，采取必要措施保护公众。

由于在有利环境中发行银行券可获得巨额利润，因而这种利润如果不会带来巨大危害的话，就应该归于公众，这是符合大家想望的。可以看到，这种利润产生于贷出银行券的利息，完全不同于把昂贵的交易媒介转化为生产手段带来的利润。

发行纸币是少数几种事业中适于由政府办理的一种；这个事业可能成为政府严格的日常事务，由少数几条清楚而明确的规则管理。如果公众是银行的主人，它就不会对自己赖账，由于发行钞票的银行停止清偿债务而引起的祸害就不可能发生了。在这种情况下，人民将提供基金以清偿债务，同时人民将收到自己的钱。政治经济学不讨论滥用人民提供的基金的情况。诸如国库的破产、政府纸币的停止兑现，这种使某些国家人民遭受痛苦的事例，都是为少数人利益掠夺多数人的事情。当作为一个整体的人民得到由作为一个整体的人民提供的基金所支付的钱时，说他们会在破产中受到损失是荒谬的。

由于不能清偿发行纸币时规定的债务而出现的灾难的可能性大大降低，以致找不出有效的理由，反对有巨大无可争辩利益的这个行动。但是有些人说，虽然发行纸币的利益在秩序井然的太平时期的确超过可能发生的祸害，但在发生内战和遭受外国侵略时情况就大不相同了。

内战和外国侵略是令人产生模糊危险概念的词语；模糊的危险概念非常易于对人们的认识产生不适当的影响。

首先，在文明世界的目前情况下，任何一个有良好政府和相当人口的国家，发生内战和遭外国入侵的可能性都很小，因而在想办法如何提高国家福祉时，不必过多地考虑这些问题。采取一种除内战和外患时期外都不利的行动方针（它只在那些时期有利）是荒谬的，就像在医学上强令所有人长期服从只适合重病患者的那种摄生法。如果使用纸币的优点，除了内战和外国入侵时期外，在其他所有时期都很显著，纸币的效用也就得到了充分证明。

为避免容易产生模糊危险概念的错觉，有必要弄清，在那些少有的不寻常时期，使用纸币会带来哪种确切的危害。

发生内战或外国入侵时，使用金银货币会出现流通领域的极大混乱。在这些时期里会出现贮藏金银的一般倾向；因而有相当大一部分交易媒介从流通中消失，很快使人们感受到货币缺乏的困难；商品价格下跌；货币价值上升；那些要出卖货物的人和清偿债务的人遭受损失；社会广泛遭殃。

使用纸币的社会就能在很大程度上免除贮藏的祸害。有很多理由使我们得出结论：那些由于信用缩减造成的不便不足为惧。

如果纸币是由得到人民信任的政府发行的，则外国入侵将促使人民拥护政府，不会破坏人民对政府发行的纸币的信任。

即使在入侵者占领的地区，破坏纸币的信誉对入侵者也没有好处，因为损害生产力对他们同样不利。

最后没有人受损；因为，即使在敌占区敌人阻止这种纸币流通，一旦敌人被逐出，纸币也会立刻恢复其价值。

倘若流通的纸币由管理得很好的私人金融系统发行，后果也无很大不同。维持流通媒介的良好信誉对各方都有好处。在占领区保持纸币流通对敌人也有好处。敌人最多只能在一段时间里禁止纸币流通，因为在敌人被逐出之后，原发行银行将偿付纸币，即使这些银行在敌人占领或战争中财产损失殆尽，也将由政府批准的赔偿款偿付。

就是在内战时期，也不可能使信用良好的纸币失去信用。当然，国家会被敌对各方分裂成大小基本相等的地区。显然统治一部分地区的政府不愿纸币失去信用，因为不管纸币由它本身发行还是由私人银行家发行，纸币丧失信用对它都没有好处。对于敌对派来说，任何会使它统治的地区、即它赖以取得战胜对手资源的地区的正常交易产生混乱的任何事情，对它也同样不利。如果流通媒介是本地区私人银行发行的银行券，那该派别就更有理由保护通货的信誉了。即使通货是政府发行的纸币，保护它对自己也有好处。因为纸币丧失信用，受损害的是它的持有者，不也就是它管辖下的人民吗？由于缺乏流通媒介而业务遭受损害的，不正是为它提供财力和精神支持的那些人吗？保护政府发行的纸币，实际上也就使纸币成了自己的纸币。

历史上多次出现的经验证明这个结论是正确的：出现敌方军队，甚至内部出现混乱，对纸币不会引起什么干扰，纸币的价值有一定的保证。

2. 伪造。伪造银行券和铸造赝币是一种同样性质的罪恶。这种行为在很不完善的银行制度下，如存在像英格兰银行那样庞大垄断组织时建立的银行制度下，虽然是一种情节严重的危害，但如在我们刚刚想象的那种银行制度下，它的危害就无足轻重了。在由一家大银行供应一大片地区流通的钞票的地方，大量伪钞就有机会在那里流通，人们便宁愿冒巨大风险和承担巨大损失伪造银行券。但如果每一家银行只供应一个小地区的钞票，则只有少量伪钞能进入市场流通。银行也受有益的竞争原则的支配，它们害怕它们本身的钞票失去信用，如果拒绝兑现伪造的钞票，将使人民不愿接受它的钞票；银行宁愿悄悄地让伪钞兑现，同时侦查谁是伪造者，并杜绝它的来源。在这种情况下，个人可免受损失；如果银行愿意承受损失，这是因为它们有获得补偿的办法。

3. 使用纸币容易产生三个不便的最后一个是货币价值的变动。

这种变动经常是政府采取的措施造成的，不是纸币独有的。

我们业已知晓，金属货币的价值由它所含的金属价值决定。所以可以随时兑换硬币或生金银的纸币的价值，同样由它能兑换的金属的价值决定。理由很明显。如果任何时候纸币的价值降低到金属价值之下，持有银行券的任何人就会把这种价值较低的商品兑换成价值较高的商品——金属。如果像在英国那样，一盎司黄金承诺支付 3 镑 17 先令 10.5 便士的纸币，当 3 镑 17 先令 10.5 便士纸币的价值低于一盎司黄金时，也就是当黄金价格超过法定价格时，银行券持有人就会要求兑付黄金以维护其利益。

但是在这种情况下，银行券发行者就会减少银行券的发行量来提高银行券的价值，这是符合他们利益的。如果他们尽力维持高发行量，他们将不断地发行又不断地回收；因为手中持有他们银行券的人都争着要到银行去兑换黄金，发生这种情况，银行券发行者将遭受损失。他们以 3 镑 17 先令 10.5 便士的比价发行银行券，也就是他们在发行银行券时收到 3 镑 17 先令 10.5 便士的价值；但是当他们收回银行券时，他们必须付出一盎司黄金以收回他们 3 镑 17 先令 10.5 便士的银行券；可是那一盎司黄金可能要他们付出 4 镑的代价，或者还要更多。

如果货币全用纸币，不用硬币，纸币发行者可以通过减少纸币数量从而提高它的价值来降低黄金的价格。假设他们采用这一方法，把黄金价格降到3镑1盎司。他们可能以这个价格收进黄金填满金库；这样做了后，他们可以增加纸币发行量以提高黄金价格，直到持有他们银行券的人愿意以3镑17先令10.5便士向他们兑换黄金。他们在这样的交易中，每一盎司黄金获利润17先令10.5便士；因之他们可能不断重复这种做法。但只要一个简单的措施便可以有效地消除这种危险。那就是，既然硬性规定一个出售黄金的固定价格，能使发行纸币者不会增加纸币数量来提高金价超过那个价格，所以同样硬性责成他们以固定价格收买黄金，也就能使他们不减少纸币发行量来降低金价低于那个价格。这样，纸币的价值就会保持稳定，与金属本位的价值相一致。

在使用金属货币的情况下，政府只有降低货币中所含贵金属的分量才能减少硬币的价值。否则，政府降低硬币价值，一旦达到足以产生熔化硬币的程度时，硬币一发行便会迅速消失。在使用纸币的情况下，政府只要撤销纸币兑换金属的义务，当纸币发行量增加时，它的价值便会相应地变小。

发行纸币只有在两种情况下可以不负兑付的责任：第一，政府是纸币的发行者，赋予它法定货币的地位，不负用金属兑付纸币的义务。第二，纸币由一家大银行（如英格兰银行）控制管理，政府中止它兑付它所发行的银行券的义务。

任何国家增加货币发行量，随之货币的价值缩小，其后果有二：第一，物价上涨。第二，债权人蒙受损失。

价格这个词，我一直理解为交易时支付的货币数量。货币价值的变动显然不变动其他任何东西的相对价值。所有物品——面包、布匹、鞋子等等与货币相比较,价值上升,但它们中任何一种物品与别的物品相比较,价值不变。

这种价格差异,其本身对任何人均无影响。当然,有货物出售的人可以得到更多的钱;但用这笔钱购买其他商品时,他能够买到的商品却与先前一般多。要买进商品的人得付较多的钱;但是他有能力多付钱,因为他卖出商品所得的钱增加了。

关于降低货币价值的第二个影响,所要说的是,在文明国家里,任何时候都存在许多支付一定数目货币给个人的契约,或者一次付清(如债务);或者分期陆续支付(如年金)。一个与另一个人有契约可收入100镑的个人,当货币贬值他依旧收到100镑时,显然他蒙受损失。同样明显的是,那个支付这笔钱的一方得到同一数量的利益。但当情况正好相反,即货币价值上升时,上述的损益双方就倒了过来。在后一种情况下,那个要付钱的人承受损失,而收钱的人得到好处。就人的感情和幸福而言,这种损失是巨大的不幸,这种损失涉及严重破坏从正义这个词的角度理解的保护幸福的那些规律。但是它不破坏财产,从而也不使财产受损失。

休谟认为,货币数量增加会产生另外一些后果。当货币开始增多时,个人或多或少携带较多的货币进入市场。后果是,他们肯出较好的价钱购物;休谟断言,价格的提高会鼓励生产者,促使他们更积极地生产,结果是生产量的增加。

这个理论表明他对生产缺乏清楚的理解。生产的动因是商品本身,不是商品的价格。它们是劳动者的食物、劳动者用以工作的工具和机器,和劳动者的工作对象原料。货币的增加不会增加这些商品，那么，怎样能够有更多的生产量呢？这证明休谟的结论不正确。澄清他论点中错误的东西是必要的。

第一个带着更多的钱去市场的人，他或者提高他购买的商品的价格，或许他没有提高价格。

如果没有提高价格，他对生产没有给予更多的鼓励。因此休谟想象他一定提高了价格。但是在他提高价格的同时，他也按精确的比例降低了货币的价值。所以他没有给生产更多的鼓励。

也许坚持反对意见的人会说，第一个带着更多的钱去市场的人会提高他直接购买的商品的价格，这些商品的生产者会受到鼓励加紧生产，因为其他商品，即所有那些生产者必须购买的商品还都没有涨价。可是这席话没有道理。第一个带着更多的钱去市场购买那些生产者的商品的人提高了那些商品的价格。为什么这样说？因为他带着更多的钱去。那些生产者则去市场购买另外一批商品，去时带着更多的钱。他们因而提高另一批商品的价格。由此而产生连锁反应。而那些尚未与更多的钱接触的全部商品的价格保持不变。一旦更多的钱与之接触，价格便相应升高。

任何国家的整个商业都可以被认为实际上划分为许许多多的小市场，有些在一个地方，有些在另一个地方，有些交易一类商品，有些交易另一类商品。当然货币在这些市场中间成比例地分布。在通常情况下，一方面有一定数量的商品进入每一个这样的市场，另一方面进入市场的有一定数量的货币。它们彼此交易。不论何地，若商品数量增加，而货币数量没有增加，则那里的价格便下降，下降幅度必然完全与商品数量增加的幅度成比例。如果这样解释还不能使每个人清楚理解，举一个简单的例子可能更易了解。假设市场规模很小;卖者只出售面包,买者出钱。假设这个市场在一般情况下卖者出售 100 个面包,买者出 100 个先令。面包的价格相应地一先令一个。在这种条件下,假设面包数量增加到 200 个,而钱还是这么多。很明显面包价格必然下降一半,每个卖 6 便士。没有理由说增加部分没有出售,卖者未出售由自己拿走了。如果那部分未出售由卖者拿走,对市场来说,等于那部分面包没有进入市场。以上就是商品数量增加产生的结果,没有人会对此有异议。反过来,货币数量的增加产生的结果不也是很明显的吗?

因而,改变货币价值(不管使之升值还是贬值)的所有后果全是有害的。然而,由于政府可以改变币值,因而除了一样东西外没有什么东西能保证币值不发生变化,这件东西也是阻止政府胡作非为的唯一保障,那就是政府对于人民的依赖。在由私营银行随意发行纸币的地方,责成它们必须用金属兑付纸币是一项必要的保障。如果纸币由严格对人民负责的政府发行,这种保障就不是必不可少的了;因为在这种情况下,使黄金保持法定价格的效用,或者换句话说,保持纸币与硬币同一价值,会得到人民的彻底理解,以致允许货币价值变动,不符合当权者的利益。

在探讨使贵金属成为交易媒介的性质时,我们已经知道,它们的价值比几乎任何其他商品的价值都波动得少。但是,它们也免不了有所变动,部分是暂时的、部分是永久性的。永久性变动,主要是生产它们的成本发生变化造成的。历史上记载的这类性质的最大变动是出现在发现美洲金银矿之际,从那里的矿山中,用同样的劳动量可获得较多的贵金属。暂时的价值变动像其他商品价值暂时变动一样,出现的原因在于供求平衡被打乱。如为了支付驻外国军队的费用，或者为了补贴外国政府和其他事项，有时要购买大量金银运往国外。这就使金银价格上涨，直到进口金银恢复供需平衡。可以获得的利润立刻形成恢复平衡的动机。但是在恢复前的一段时间里，纸币不能立即兑换金银可能有好处。如果可以兑换，大家需要黄金，纸币将贬值，而硬币的价值将提高。如果不能兑换，硬币的价值可能保持原状，或者保持接近以前的价值。这点实际上很少做到，也很少有安全可靠的补救办法，除非流通的全是纸币，政府手中掌握货币供应的权力。在这种情况下，货币数量保持不变，如大家充分认识的那样，是一个充分的标志和保障。如果金价骤然上升，超过法定价格，或者换言之，超过银行券的兑换率，而货币数量没有任何变动，那么货币数量保持不变将是充分的标志，表明金价骤涨是由于黄金突然被吸收；过一段时间后，黄金将重新出现。在这种情况下，如果在短时间内中止保持纸币价值与黄金价值一致的责任，那么就得依靠保持货币数量不变，才能充分保证货币价值不发生巨大变化；因为，在任何短时期内，货币所做的贸易量不可能有很大的缩减或增加，不会要求货币量有重大变动。固然这种中止权掌握在一个不负责任的政府手中是危险的，但是一个不负责任的政府意味着各种各样的危险，这种危险只是其中之一罢了。

第十三节　每个国家贵金属的价值决定它是应该出口还是应该进口

金属货币，或者较一般地说，贵金属，严格探究起来，它们的本质与通常由个人或国家买进卖出的商品并无二致。

用寻常语言说，只有这样的商品能够出口，即它们在输出国比在输入国便宜；只有这样的商品能够进口，即它们在输入国比在输出国昂贵，这是很容易理解的。

根据这个命题，如果任何一个国家（例如英国）黄金比较便宜，它就将从英国输出。同时，如果英国黄金比其他国家昂贵，英国就将输入黄金。这种关系意味着，在黄金便宜的国家，其他商品就贵。黄金便宜，人们购买商品需要较多黄金，由于同一理由，其他商品便贵，也就是说需要较多黄金才能购买它们。当英国黄金价值低落时，黄金从英国输出，其原因是，可以自由找寻市场的所有商品必定从价格低廉的地方流向价格昂贵的地方。但是，由于黄金价廉这个事实，同时含有其他商品价昂这个相互联系和不能分开的事实，结果是当黄金输出时，很少其他商品能够输出；如果黄金价值很低，致使所有其他商品的价格都高于别国，那就没有商品能够出口；如果黄金价值的低落只使某些商品的价格高出其他国家商品的价格，那就还有少量商品能够出口。

所以事情很明显，一个国家只有在贵金属价高时，才能出口贵金属以外的其他商品。同样明显的是，只有贵金属价值低落的时候，这个国家才能进口。因此，贵金属数量增加（使其价值降低）将逐渐地缩小和往往破坏出口其他商品的能力；贵金属数量减少（使其价值提高）根据同样道理会增加出口其他商品的动机，当然，在不受限制的情况下出口量便会增加。

第十四节　决定出口量的贵金属（或交换媒介）的价值不是在所有国家都一样

我们谈到贵金属价值时，我们指的是它所能换得的其他物品的数量。

但是众所周知，货币不但在一个国家比在另一个国家价值高，而且在一个国家的一个地方也比在另一个地方价值高，所谓价值高，就是在购买商品方面效力较大。

例如在威尔士的一些遥远地方，货币价值比伦敦高；用通俗的话说，我们说威尔士地方生活费用比较便宜；换句话说，那里的商品可以用较少的货币购得。这种状况人们习以为常，货币没有从它价值较低的伦敦流向它价值较高的威尔士，使后者货币数量增加。这种现象需要加以考察。

事实是，整个这种差距已成习惯，并不造成使金属流动的趋势，这种差距本身可分解为运输费用。在威尔士生产的谷物、肉类和别的商品，价钱比伦敦便宜，因为伦敦这些商品供应来自远处，加上运输费用使原来价格增大。可是，如同某些商品威尔士比伦敦便宜，同样另外一些商品伦敦比威尔士便宜，诸如伦敦制造的或从国外进口输入伦敦的所有商品。正如由威尔士运到伦敦的谷物和其他商品的价格因运费而扩大；那些从伦敦运往威尔士的商品，它们的价格在威尔士比伦敦贵，也是因为运输中发生的费用。虽然某些商品在威尔士比伦敦便宜，某些商品在威尔士比伦敦昂贵，但是威尔士比较便宜的商品是极为重要的物品，它们是生活必需品，这些物品的消费构成每个人支出的主要部分。更有甚者，它们的货币价值决定劳动的货币价值；为劳动者提供的衣食住等任何事情，费用都比伦敦便宜。最后，威尔士生产的初级产品，运输费用与本身价值的比例要比伦敦运来的精细商品高得多。初级产品的运输费用使这些商品在伦敦的价格比它们在威尔士的价格提高很多，比精细商品在威尔士的价格高出伦敦的价格在比例上大得多。因而，伦敦的生活费用要比威尔士高，这完全是因为伦敦居民为商品运输付较多的钱。只要威尔士的贵金属价值稍许上升，超过这个限度，相等于上升价值的利润就会立刻成为使贵金属流向威尔士的动机。

让我们从一个国家的两个地方转而考虑两个不同国家。英国的生活费用比波兰高，换言之，英国的贵金属比波兰便宜。这里其差距也可全部分解为运输费用。让我们假设英国从波兰获得大量的谷物供应，并运给波兰全部或大部分精细制造品。显然在英国谷物较贵；而在波兰精细制造品较贵。正如我们业已说过的，货币在威尔士比在伦敦更有效力，由于同样原因，在这个例子里，很容易看到货币在波兰比在英国更有效力；换言之，黄金的价值在波兰比在英国大。其差额的数量刚好补偿英国负担的较大的运输费用。一旦金价超过那个价值，把黄金运往波兰便有利可图。

第十五节　贵金属(或交换媒介)在世界各国间分布的方式

黄金从产金国分布到世界其余地方，在产金国里，黄金相对丰盛。由于产金国拥有的黄金不断增加，那个国家黄金的相对价值有不断下降的趋势；换句话说，那里其他物品的价格有不断上升的趋势。一俟任何商品的价格上升到能够进口它们的程度，它们（不管是什么商品）就要从生产它们的主要成本和运输成本加起来最便宜的国家输入；并用黄金输出来交换。

由于那个第二国进口黄金，使那里黄金相对充沛，以致物价上升。那里的某种商品或某些商品最后变得十分昂贵，使得从另一个国家进口这种或这些商品有利可图。如在上一个例子中一般，那个第二国就要进口商品，出口黄金。没有必要更多叙述同样的过程，在这种过程中，黄金通过贸易世界的整个连锁，从一个国家进入另一个国家。

在上节中我们发觉，每当两个国家生产两种商品的相对成本不同时，两国彼此交换这两种商品便符合双方的利益。例如，在英国生产 4 夸特谷物和 20 码布需要的劳动量相等，但是在波兰需要的劳动量不同，那么一个国家生产谷物，另一个国家生产布，彼此进行交换就对两国都有好处。

假设英国生产 4 夸特谷物和 20 码布需要相等的劳动量；而波兰生产 20 码布需要的劳动比生产 4 夸特谷物多一倍。在这种情况下，波兰布的价格与谷物相比要较英国昂贵一倍；换言之，在英国价值 20 码布的 4 夸特谷物在波兰只值 10 码布。因而英国和波兰之间这两种商品的每一次交易，将使双方各得 5 码布的价值。

如我们已经说过的那样，假设在波兰，如果它为自己生产谷物和布，4 夸特的谷物具有 10 码布的同样价值，如果它使用钱，4 夸特谷物和 10 码布的价格相同。在英国，根据这个假设，4 夸特谷物的价格和20码布的价格相同。

有两种可以假设的情况。两种商品中的一种(如谷物)的价格或者(1)在两国间相等,或者(2)在两国间不相等。说明这两种情况中的任一种都足以使两种情况充分清楚。

我们假设在两国中,谷物价格相等。那么波兰的一码布的价格必然是英国布的两倍。在这种情况下显然将出现的结果是,在英国便宜的布将流向价格高昂的波兰;布在波兰交换黄金,不可能从那里交换谷物进口,因为根据假设,英国谷物已经和波兰一样便宜。

在这种情况下,波兰进口英国布,黄金从那里流出进入英国。结果是,英国的黄金更加充盈,波兰黄金变得缺少。紧跟这个第一个后果会引出第二个后果,那便是英国物价逐渐上升,波兰物价逐渐下降。例如,在英国,谷物价格连同布价将上升;在波兰,这些商品的价格将下落。如果在我们假设的交易开始时,两国的谷物价格都是每夸特1英镑,从而布的价格在波兰是每码8先令,在英国是每码4先令,那么,假设的布对黄金的交易将逐渐提高英国的谷物价格超过每夸特1英镑,逐渐使波兰的谷物价格下降到每夸特1英镑以下,逐渐使英国的布价上升超过每码4先令,使波兰的布价下降到每码8先令以下。这两个国家的谷物价格因此而逐渐从相等变得不相等,两国的布价逐渐接近。到这种发展过程的某一点,谷物在英国变得相当贵,在波兰变得比较贱,二者的差额足以支付谷物的运输费用。到那时,就会出现输出谷物到英国的动机;于是价格会自行调节到这样的情况:英国谷物价高过波兰,其差额正好是从波兰运输谷物到英国的费用;波兰布价高过英国,其差额

正好是从英国运输布到波兰的费用。到这个时刻，输入波兰的布的价值和输入英国谷物的价值彼此平衡。那时交易在等价上进行，黄金停止流动。

考虑同样的条件，可以进一步看出，如果没有贵金属的新分布，这两国之间商品的相互交易中不可能出现任何变动；所谓贵金属的新分布是指两国以前拥有贵金属相对数量的变动。

让我们假设，英国生产出某种新的商品，波兰希望得到它。一定数量的这种商品输入到波兰；这种商品只能用黄金支付，因为我们业已假定，此时各自进口的谷物和布彼此收支两讫。在这种情况下，就像我们业已解释过的情况一样，商品价格很快在英国上升而在波兰下落。随着英国物价上升波兰物价下跌，立即出现一种动机，把较多的波兰商品输入英国，减少输往波兰的英国商品。于是物价再次恢复平衡。

第十六节　各国间的现金交易：汇票

不同国家的货币各不相同，也就是说，各国货币包含不同的贵金属分量，使用不同的名称。譬如说，英镑是英国的货币，元是某些其他国家的货币；英镑含一定分量的贵金属，元所含贵金属的分量较少；其他各种各样货币的情形也是如此。

一个国家在另一个国家购买货物，像别的买卖一般，用现金支付。例如，如果荷兰商人在英国购买货物，他要支付英镑。如果英国商人在荷兰购买货物，他要支付荷兰盾。荷兰商人支付英镑，他必须派人送去英国货币，或者付给相当于英镑价值的东西。最方便的相当之物是与英镑规定所含等量的贵金属。倘若荷兰商人只有盾没有别的钱币，他所支付的盾的数量所含的贵金属就得与英镑所含的贵金属相等。

当欧洲商人现在使用的语言确定时，由包含同一数量贵金属的一种货币的数量折合一定数量另一种货币的办法就产生了。这就叫作汇兑平价。荷兰盾所含的金属不完全等于二先令；但是为了说明简单起见，让我们假设荷兰盾含有二先令的金属。于是汇兑平价就是10盾折合1英镑，或者用商人的话来说，就是10比1。

但是，国家与国家间的汇兑业务，不是通过运送货币或贵金属进行，而是在很大程度上借助于汇票这一工具。商人们在进行汇票交易中采用的语言十分简略，在某几方面没有很好选择，听起来晦涩难解和令人误会。

简单的交易是这样的。有一个阿姆斯特丹的商人欠伦敦商人一笔钱，由后者写一个字据给前者，要求他付钱。出这个字据称作出票；字据中的抬头人就是付款人。如果在伦敦的商人可以从阿姆斯特丹收取一笔款项，但同时他还要付阿姆斯特丹一笔钱，他就开立一张汇票给他的债务人，叫他把钱付给他的债权人；换言之，他写给阿姆斯特丹他的债务人的字据，写明叫他付一定数额的钱给另外那个他欠款的人。倘若他要收回款项的金额与他要支付的金额相等，这张汇票就清偿了债务；倘若汇票金额少于要付的数额，先付汇票上的金额，不足数就是欠款的余额。

在国际贸易过程中常常有这样的情形，譬如说从荷兰进口商品的人不是向荷兰出口商品的人。从荷兰进口谷物、黄油、牛脂是一批商人;向荷兰出口棉花、金属器具是另一批商人。所以那些要向荷兰收款的出口商人与在荷兰支付的款项毫无关系;他们要收回货款,希望很快得到它。可是还有另外一些人,他们要向荷兰付款,为了节省运送现金的费用,他们希望从要向荷兰收款的那些人那里得到由其债务人付款的汇票,也就是由他们出立一张由那里债务人支付一笔款项的汇票。要向荷兰收款的英国出口商人开出由荷兰客户付款的汇票后,立刻从在英国的英国进口商人处收到款项,不须等待荷兰方面的货款。

因此,在英国有这样两批人:一批人要向荷兰收款;另一批人要向荷兰付款。要向荷兰付款的那批人希望碰到要向荷兰收款的那批人,由他们开出汇票;要向荷兰收款可以开出汇票的那些人希望碰到要付钱的那批人,后者可以立刻把钱给他们,免得他们等候荷兰的货款,稽延时日。但是这两批人不知怎样找到对方。于是产生一批中间人,叫作票据经纪人和外汇经纪人,起到把双方撮合到一起的作用,或者应该说在双方之间充当媒介。

在发生这样情形的时候,即开立汇票的金额与需要汇票的金额相等时,换句话说,当那些要向国外收款的人与那些要向国外付款的人金额相等时,则所购买的汇票的金额和所出卖的汇票的金额将正好相等。因为有一个希望购买荷兰付款汇票人,就有另一个同样希望出售荷兰付款汇票的人。因之,不必使一方付升水,也不必给予另一方以折扣;汇票(或者用商人的话说——汇兑)以票面价值买卖。

但是,如果出现这样的情形,即要收与要付的金额不等时;例如,英国方面要付的钱比要收的钱多,换言之,它进口商品的数量比出口数量多,则要买进荷兰汇票的人就比出售汇票的人多。那些未能买到汇票以清偿他们在荷兰债务的人必须运送现金。可是这样做要花相当多的费用。因而出现竞购汇票的局面。于是商人出售汇票索取较票面更多的钱。例如一张荷兰付款1万盾的汇票(假设1万盾相等于1千英镑)将有人自愿地以多于1千英镑的价钱购去。在这种情况下,就说汇兑对荷兰有利,对英国不利。之所以说对英国不利,是因为在荷兰开出英国支付的汇票时,出售汇票的人要比需要购买汇票的人多。因而在希望出售汇票的人们中发生竞争,汇票价将下跌。一张1千英镑英国付款的汇票,卖不到1万个荷兰盾,卖价要低一些。显然,这种情况使向英国出口商品的荷兰商人感到沮丧。它同样使从荷兰进口商品的英国商人感到沮丧,因为在货物所值的1万盾之外,还必须为购买支付货款的汇票多付超过票面的价值。另一方面,对于向荷兰出口商品的英国商人,这种情况对他起鼓励作用,因为他开出的荷兰付款1万盾的汇票,收到的钱超过1千英镑,也就是超过他出口商品的价值;因而他受利润增加的激励,会增加他出口的数量。

汇票价格(商人们称其为汇兑)变化的界限是什么,人们很容易看出来。购进汇票的动机在于必须支付一笔债款。可是,必须支付在荷兰债务的商人不用汇票改用运送现金也能够清偿债务。运送现金必得付一定费用。如果他为买进一张汇票所付的额外钱不超过这笔费用,他就愿意买进汇票。因此,这笔费用是他为买进汇票愿意支付升水的最大数额,也是汇票价格上涨的极限。由于运送现金的费用(如果数量小,费用就很大)从来也不是很大的,所以汇票的价格也不会大大超过票面价值。

在商界中众所周知，国与国间的收支差额是如何使用汇票汇划结算的。

如果英国对荷兰有一笔逆差，而汉堡对英国有逆差，在阿姆斯特丹持有一张英国支付的1千英镑汇票的人，如果他把他的汇票送往汉堡能得到超过票面金额的升水，他将不会把它送往英国，在英国他只能得到1千英镑；那就是说，如果他要付一笔在汉堡的债务，而英国付款的汇票在汉堡有升水，或者如果这个升水超过从汉堡运送黄金到阿姆斯特丹的费用，英国欠荷兰的债务就这样以它在汉堡的债权偿付了。在英国，进口荷兰货物的商人在支付进口货价款时，他只要付给向汉堡出口货物的商人所出口的货款就行了。

这些就是使用汇票进行国与国间贸易的情形，这些就是表达这种贸易的用语。在进行汇票结算时有两种情况：第一，两国货币保持当初计算的汇兑平价不变；譬如说10个荷兰盾包含的贵金属与1英镑相同；当然这样汇兑平价是10比1。第二，两国的货币的相对价值发生变动，譬如说，1英镑不再等于10盾，而等于12盾或者不到8盾。

如果我们假设英镑中的贵金属量减少，减少到只等于8个盾所含的数量，在这种情况下，汇兑平价就不再是1比10，实际上是1比8。但是，商人们从汇兑平价当初计算出来的时候起从不改变他们的比价。如果荷兰盾与英镑之间的汇兑平价是10比1，它继续保持这个比价，虽然两种货币的相对价值可能有了改变，例如，英镑可能变成相等于8个盾，而不再是10个盾。尽管如此，汇票的价值还是根据货币的实际价值调整的；一张若干英镑的汇票，当这种变动出现时，它不再是过去价值若干倍 10 个盾的汇票，而只是若干倍 8 个盾的汇票。但是，由于汇兑平价依旧是 1 比 10（虽然实际上是 1 比 8），表明英国汇率贬值，有 20%的折扣。这种旧汇率中的 20%完全是名义上的；因为当英国汇票价格打 20%折扣时，实际汇率持平了。因而可见汇率语言是不适当和欺骗性的；但是在这种情况下，如果人们心里记住，对英国汇率打 20%的折扣就等于市场价与票面相等，那么就很容易看出，我们在以上几页说明的对于平价是正确的任何事情，在这种情况下，对于 20%的折扣也是正确的。根据正确的语言把汇率提高到平价以上的任何事情，根据不正确的语言使汇率以同样程度低于 20%；根据正确的语言把汇率降低到平价以下的任何事情，根据不正确的语言使汇率以同样程度高于 20%。在一种情况下，高于平价或低于平价所造成的所有结果，在另一种情况下也是同样的事情造成的，只不过叫作不同的名称罢了。关于这个问题，没有必要详述。

当两国货币都是金属币时，它们汇价的波动受运送金属费用的限制，并不断由金属的运送加以纠正；超过这种范围的相对价值变动，只有在它们包含的相对金属量改变时才会发生；制止金属量的改变，如我们业已知道的，便能阻止金属货币的价值与它所包含金属的价值出现巨大的差距。可是还有另外一种情况，那就是不能兑换成金属的纸币的情况。这需要单独加以研究。

让我们重提上边的假设，英镑含有和 10 个盾一样多的贵金属；让我们假设英国发行不兑换金属的纸币，发行的数量使纸币 1 英镑的价值低于金属币 1 英镑所含贵金属价值 20%。在这种情况下很容易看出，一张 100 英镑汇票的价值与金属英镑减少所含金属 20%时 100 英镑汇票的价值完全相同。这两张 100 英镑的汇票的价值不是 100 倍 10 个盾，而是 100 倍 8 个盾。原因是在英国这种汇票只能购买 100 倍 8 个盾所包含的那么多的金属。因而它当然只能交换一张 800 盾的汇票。

可以用一般规律的形式来表明这些事实。一张任何国家支付的汇票，当它到达这个国家时，它的价值相等于汇票上标明的金额能在市场上购买到的全部贵金属的价值。譬如说，一张 100 英镑的汇票等于它能购买的全部金属，不管所购得的金属是等于还是少于 100 英镑购买的数量。只要这张汇票所能购买到的金属比 100 英镑铸币所能购买到的金属少，纸币的价值就低于铸币的价值（如果纸币代铸币流通的话）。因此，对任何国家汇率绝不能超过两笔金额的合计数；第一笔金额是降低了的货币和未降低的货币之间价值的差额，或者说是名义货币量和它所能购买到的贵金属数量之间的差额；第二笔金额是购买贵金属后运送它的费用。由此可见，有些人（包括某些著名的政治经济学家）想象真正汇率（不仅是名义汇率）可以超过运送贵金属的费用，是完全没有根据的。他们说，由于某种特殊原因，有时会出现大量吸收贵金属的现象，结果造成贵金属的稀缺，在这种情况下，贵金属稀缺国家必然输出商品，以从贵金属充盈的国家运回贵金属，于是，由稀缺国开出的在充盈国支付的汇票可能升水，升水的金额等于运送商品（以便在国外市场售得汇票价值）的费用；因而在某些情况下，运送商品的费用将大大超过运送贵金属的费用。

如果探索事实，对它的反驳看来是决定性的。

当两个国家（称它们为 A 和 B）间的汇率与票面价值相等的

时候，暗示两国的进出口是相等的，彼此之间收付持平。在这种情况下，A 运往 B 的商品在 A 国的价格必然比 B 国制造他们便宜许多，以至它们在 B 国的出售价能包括由于运输所需的附加费用。同样，B 运往 A 的商品一定得在 B 国便宜，以致它们在 A 国出售的价格可以包括运输费用。很明显，这笔运输费用并不比生产成本中的某一项目更影响汇率。

接下来让我们观察一下汇率状况受干扰时会发生什么情况。让我们假设 A 国突然出现需要在 B 国支付的手段，需求量大大超过过去出口的价值。对在 B 国付款汇票的需求增加超过供给，于是价格上升。问题在于汇票价格的这种上升的限度是什么？起初，价格上升受运送贵金属费用的限制，这是明显的。可是由于贵金属外流，其价值升高。如果通货是纸币，它的价值稳定，则黄金将涨价，它对通货和各种商品涨价的程度相等。那么最后的问题是，黄金价值上升的界限是什么呢？

在汇票升水开始之前，A 国商品便宜，能把一部分商品运往 B 国，在那里出售价可以包含附加的运费，当然还有正常的资本利润。因而汇票的全部升水都加在了正常资本利润之上。

如果把 A 当作英国，把 B 当作欧洲大陆，情况将是，当汇票照面值交易时，英国货物输往国外，在那里出售的价格包括利润和运输费用；当汇票的升水上升到等于运送生金银的费用时，这种升水就成为输出商品的额外利润。

显然，依照这种升水上升的程度，不但使人们更为积极地输出汇票升值前出口就有利可图的那些商品，而且还将使过去不能出口的许多其他种类的商品也可以出口。这样，当汇兑按照票面价值时，只有某几种英国商品支付运费后能在国外销售获得利润，其他某些商品由于在英国价格较高，无法出口；有一些可能因价格高了1%不能出口，另一些可能高了2%，再一些可能高了3%，如此等等。显而易见，汇票的升水如果有1%，能使第一种商品（因价格高1%不能出口的）得以出口；升水有2%，使第二种商品能够出口；升水达到10%，能使以前不能出口的两或三种商品出口。由于反作用（就是阻止外国商品进入英国的作用）将同样强大和同样递增，出口将极快地增加，而进口将几乎停顿。这两种作用合起来如此强大有力，任何对实际汇兑平价的巨大偏离绝不可能长时间持续。但是相等于运送贵金属费用的偏离，在持久不变的环境中可能长时间保持下去。譬如说，如果英国每年向印度运送大量贵金属，这些贵金属从汉堡获得，则汇率将在运送贵金属费用的限度内，永远对汉堡有利，对印度不利。

如果开出的汇票永远是若干重量的黄金，问题便很简单。假设在伦敦开出一张在巴黎支付100盎司黄金的汇票，任何人买这张汇票除支付100盎司黄金外，最多付给运送100盎司黄金的费用。他在某一个时候可能用390英镑货币购买100盎司汇票，在另一个时候可能要付410英镑，但是这个差额完全由于货币与黄金相对价格的变动。据说，在某种情况下，这种变动可能是金价上升而货币价值不变造成的。这意味着，金价有可能在一个国家比在邻近国家贵；例如，在英国比大陆贵。但这必然会增加英国的出口，减少进口，使进口几乎停顿。假设金价上升1%、2%或达到10%；达到10%时，过去出口国外有正常利润的商品，现在出口能有超过正常利润10%的利润，而所有其他过去因价格贵1%、2%、

3%、4%、5%等等不能出口的商品，现在全都可以出口；与此同时，反作用同样强烈，阻止外国货物进口。上述这些是一个国家金价比其他国家昂贵的必然结果；一个国家贵金属价值比邻近国家昂贵的这种状况不可能在贸易自由条件下保持长久，这是显而易见的。

第十七节　津贴和禁令

在这个标题下，我要论述各种各样鼓励和阻拦的办法，这些办法的目的在于使生产或贸易或多或少地流入某些渠道，不使它们随心所欲地进入这些渠道。

关于这个主题，我相信不须长篇累牍便能说得清楚而确定。

如果说当听任生产和交易自由进行时，它们将进入最有利可图的渠道，那就肯定可以得出结论说，一旦外来的各种干预使它们偏离这些渠道，国家的生产活动也就经营得不怎么有利。

当让生产和交易自由进行时，它们的确趋向最有利的渠道，十分简短的论证便能把这一点说清楚。

生产的情况和交易的情况要分开考虑；因为在生产方面，大家的意见几乎一致。如果一个国家与别国没有商业交往，使用其全部生产能力专门为国内自己的消费，在这种情况下，津贴一批商品的生产，阻碍另一批商品的生产就再荒谬不过了；我的话是根据政治经济学或根据生产观点说的。如果任何国家阻止某种商品（如酒）的生产，是因为使用它们有害处；这关系到道德问题，为达到目的，不应控制生产，而应控制消费。在不限制消费的地方，人们实际上公认，需求总是以最有利于社会的方式调节供给。最愚蠢的政府也不会想到给制鞋以津贴，或向袜子生产征收抑制性的税收，以图制造更多鞋子和更少袜子来使国家富裕。观察一下国内供应情况，看来就能了解，应该根据需求来生产多少鞋子和多少袜子。如果采取另一种不同政策，如果津贴鞋子生产，向袜子生产征税或增加其他负担，其后果只能是人民买鞋的价钱较以往便宜，买袜子的价钱较以往昂贵；供给人民的鞋子将更多，袜子将更少，如果让事情自然发展，本来的情况会大不相同，也就是说，如果让人民自由地考虑他们自己的方便，换句话说，如果允许人民得到出自他们劳动的最大利益，便不会出现这样的情况。

因此，旨在增加一种商品数量，减少另一种商品数量的对工业的控制，其目的均为控制与外国的商品交易，增加或减少（通常是减少）从外国进口的某些商品的数量。

如已经充分证明的那样，现在可以肯定，在国内能制造的任何商品，不会从外国进口，除非进口它比在国内生产它所花的劳动量即成本要少。人们都希望以尽可能少的劳动成本生产出商品，这一点似乎不但是可以肯定的，而且是普遍承认的。这是生产中追求的所有改良的目的，为此目的人们实行劳动的分工与分配，在土地上使用精细的耕作方法，和发明更有效力更精巧的机器。的确，看来不言自明的道理是，一个国家拥有不管多少生产手段，它们的生产能力越大越好；因为这只不过是：占有我们希望有的所有物品，并最轻易地占有它们，是人类最大的愿望。

不但可以肯定地这样说，在自由状态下，凡在国内能够生产的任何商品绝不会进口，除非进口它比国内生产它所花的劳动量或劳动成本更少;而且还可以肯定,若从某个国家可以用最少劳动成本得到某种商品,则人们就总是从这个国家获取这种商品;能够以最少国内劳动量生产并出口的不论是什么商品,它就是出口以交换国外商品的商品。非常明显,这种情况产生于贸易法则,不须详加说明。这就是说,如果让商人自主经营,他们将永远从最便宜的市场买进,到最昂贵的市场销售。

因此,看来为大家确认的是,不论生产或交易,如果任其选择自己的渠道,肯定会选择那些对社会最为有利的渠道。它一定选择这样的渠道,在这些渠道中,社会想得到的商品能以最少的费用获得。生产和交易活动本身想要达到的全部目的,就是获得人们想得到的商品,并以最低费用得到它们。因此,生产和交易活动在不论什么程度上被迫撤出它自动进入的渠道,生产和交易带来的好处就要在什么程度上被牺牲掉,或无论如何会被弄得走了样。如果在某些情况下这种好处被弄得走了样,那是政治问题,不是政治经济学问题。

任何问题遭受限制和禁止性政策的压力都没有像谷物贸易问题遭受的那样顽固和使用更多的诡辩。但是,除非能以比在国内生产它较少的劳动量从国外得到谷物,谷物绝不能进口,这是没有疑问的。因此进口国内能够生产的任何商品的全部好处,从进口谷物中都得到了。在谷物问题上,由于土壤优劣不同和人口密度有异而得到的较之任何其他商品更大的利益,为何不让社会获得呢?

主张限制谷物贸易的人为自己辩护的主要理由有二;二者均不值一驳。

第一个理由是，除非国家在自己土地上生产谷物，否则当邻国对它怀有敌意时，就可以使它失去外来的谷物供应，陷于极端危难的境地。这个论点显示出对历史和对原则的无知。从历史上说，那些谷物供应大部分依靠外国的国家，实际上始终享有稳定不变的粮食市场这一好处。从原则上说，这时这个国家收成好，那时别的国家收成好，这是不可避免的现实，因而一个国家从许多不同国家获得一大部分粮食供应，是这个国家防止收成变化可能产生的粮食供应紧张和灾难性波动的最好保证。而且根据这一论点采取的政策也经不起政治经济学的诘难。这种论点为了逃避幻想中的灾难，牺牲实际的利益。这个灾难实际上不足为惧，因为向另外一个国家提供谷物的国家同样依赖那个国家获得它农产品的出路，其程度与那个国家依赖它供应谷物相同。任何国家由于丧失巨大的市场，都会使谷物过剩，将不可避免地出现粮价疲软、农民破产和地租下落，这可不能说不是巨大的灾难。

谷物垄断鼓吹者为其主张提出的第二个理由是，如果在某些情况下，商人和制造商可以享受国内供应的垄断权，不给予农民和地主同样的垄断权，就是对他们的不公。首先可以看出，如果这个论点对谷物生产者有好处，那么它对不论哪种物品生产者全有好处；如果说，因为对毛织品进口征税，就必须对谷物进口也征税，那么凡是国内能生产的任何东西进口都必须征税；总之，除了国家不能生产的物品以外，国家不能有对外贸易。

此外，这个论点还猜想，制造商在它假定的保护下，得到不同寻常的利益；而谷物生产者却遭受相应的损害，因而要用同样的征税办法支持他们。在这些假定中特别明显地看出对原则的无知，没有一个假定有一点点真实性。

向毛织业或任何其他制造业投资的人，其产品虽然受到保护，不允许外国厂商与之竞争，但他们并没有因此而从其资本中得到更多利润。他们的利润并不比另外一些人的利润高，而这另外一些人的投资对象却是向全世界敞开竞争大门的行业。所发生的事情只不过是，有较多的资本家向毛织业投资；简言之，一部分资本家着手生产毛织品，否则他们将生产另外某种制造品，也许会为国外市场生产某种产品，用它换取毛织品，如果允许从国外进口的话。

由于向那种称为受保护的行业投资的人，并未因为保护得到额外的利润，所以谷物生产者没有遭受任何特殊的损失或打扰。因此，想象不出还有什么事情比他由此要求补偿更无根据的了。征收毛织品进口税并没有缩小谷物市场；取消毛织品进口税也不会扩大谷物市场。因此谷物生产者的经营丝毫不受它的影响。

揭露暗藏在限制谷物贸易议论中的所有谬误，超出了本书的论述范围，本书只局限于阐明一般原理。不过，也不能听凭一两个欺骗性的论据被忽略过去不受驳斥。

地主力图把自己的状况描述得与制造商的状况完全相同，而实际上就前述论点而言，二者不但不同，而且背道而驰。地主还力图混淆自己的状况与农民的状况；他的主张正确与否几乎都依赖于他能否做到这一点。其实一经推敲便可看出他的主张毫无根据。农民作为一个生产者和每一个其他生产者一样，要求他的全部支出归还给他，加上他使用资本的应得利润。土地所提供的超过这些回报和利润的盈余部分，就是农民付给地主的东西；农民的利益不受那笔盈余数量多寡的影响。可是他的利益在很大程度上受工资的影响；因为，他的利润和所有其他利润一样，工资越低，它就越高。如果谷物昂贵，工资不可能低。因此，农民阶级的永久利益在于保持谷物的低价。在农民阶级中的这个人或那个人在租约有效期内，可能会从谷物高价中获益；造成这种特殊情况的原因表明了一般规律的正确性。凡在租约有效期内从谷物高价中获利的个别农民，都是由于他凭借租约在某种程度上转变成了地租收入者。在租约有效期内，如果谷物价格上升，他不但得到他作为农民的应得利润，而且还获得一部分真正的地租，这部分地租，如果没有租约的话，本来是归于地主的。

可见这是一条重要的区分线。地租收入者从谷物高价中得益；谷物生产者本身不会从谷物高价中得益，恰恰相反。农民的状况和制造商一致，不是和地主一致。农民是生产者和资本家；制造商也是生产者和资本家；当他们的资本产生利润的时候，二者都收到属于他们的东西。地主不是生产者，也不是资本家。他是土地某种生产力的所有人；土地生产的东西除了支付使那种生产力起作用所必需的资本报酬外，全属于他。从这点可以看出，地主的状况特别，谷物高价对他有利，因为谷物价格越高，产品中付给农民资本及其利润的部分越小，其余部分全归于他。但是，对于农民和对于社会上其余人来说，谷物高价是坏事，因为它将缩小利润，增加消费者的开支。

第十八节　殖民地

为促使更多生产资料进入特殊渠道的种种办法中（若听任它

们自主流动，不可能有这么多的数量进入这些渠道），殖民地是需要加以详尽论述的重要主题。

这里需要考虑的殖民政策中的唯一问题是与殖民地的贸易问题。问题在于从殖民地贸易中是否能得到特别的利益。

关于殖民地和关于外国一样，无疑能得到承认的前提是，与殖民地贸易中可以得到的不论什么利益，在于从那里得到的东西上，不在于向那里输出的东西上；因为，如果没有进口所得，输出将是完全的损失。

从那里收回的不是钱币便是商品。到此刻读者完全了解，一个国家从收回钱币中得不到比收回任何别种商品更大的好处。同样简单明了的是，在没有贵金属的殖民地，在母国的垄断下，它除了自己的产品外，没有钱币或任何其他物品可供输出。

与殖民地自由进行贸易的情形无须考虑，因为它和与任何外国进行贸易的情形并无二致。

母国在与其殖民地进行贸易时可能采取的垄断行为有两种。

首先，它可以使用独占性的公司与其殖民地进行贸易。在这种情况下，殖民地只能与独占公司进行贸易，此外不允许它有可以出口的国家，也不允许它向任何国家购买商品。因此，这家公司能使殖民地以它任意定下的高价购买母国向其出口的商品，也能使其以公司定下的低价向母国输出商品。换句话说，在这些条件下，殖民地不得不为得到母国一定劳动量的产品，支付多得多的商品，其数量是母国用同等劳动量的产品从其他国家交换不到的，也是母国在自由贸易条件下从殖民地得不到的。

在这些条件下的贸易状况有两种：第一种，殖民地从母国进口奢侈品和舒适品。第二种,殖民地进口必需品,有生活必需品,也有生产必需品,如铁等。

在殖民地从母国只进口奢侈品和舒适品的情况下,母国能够利用殖民地劳动获益的程度有一定限度。如果殖民地为进口奢侈品和舒适品不得不牺牲太多的劳动产品,它可能拒绝接受它们,它可能想到,如果它有能力生产的话,还是使用大量劳动自己生产这些奢侈品和舒适品为好。

但是,如果殖民地依赖于从母国进口必需品,那么独占公司便可对殖民地施加绝对专横的权力。它可以强迫殖民地输出其全部劳动产品,回报的仅仅是刚刚够维持殖民地人民生活的必需品。如果殖民地得到的是生活必需品,上述结论明白无误。如果得到的是诸如铁和铁制工具那样的商品,没有这些东西,它的劳力不能使用在生产上,其后果显然还是一样。殖民地被迫为这些物品支付它全部劳动产品中极大的一部分,留下来的只是维持那里人民生活所必要的产品。不减少殖民地的人口对母国有利;因为人口减少产量也将减少,母国能够得到的商品数量由此也将减少。

可是母国与殖民地的贸易也可能不是靠一个独占公司进行,它让全体本国商人参与殖民地贸易,只禁止殖民地与任何别国的商人交易。在这种情况下,母国商人的竞争会降低向殖民地出口的所有商品的价格,低到商人能够接受的程度——换言之,低到商品在母国的价格加上运输商品的费用。如果有人说,殖民地提供市场;我的回答是,为那个市场供应商品的资本,如果没有殖民地,仍将依旧制造商品;而那些商品仍将找到消费者。一个国家的劳动与资本不能生产多于这个国家愿意消费的商品。每个人都想消费掉他得到的全部生产性物品或非生产性物品。因此，每一个国家在它的内部都含有消费它能生产的所有物品的市场。当考虑到消费的主题(市场的起因与方式)时，这个道理就更加明显了。因此，在自由竞争条件下，在殖民地贸易中向殖民地供应商品没有什么利益可得，因为这种贸易得到的好处不超过一般资本利润所得，没有这种贸易也能得到。然而在这样的贸易中殖民地遭受损失倒是真实的，它被迫向母国购买的商品，如果向别国购买的话，价钱可能比较便宜。

所以，如果要说母国得到什么特别利益的话，那肯定来自殖民地供应给它的较便宜的商品。显然，如果殖民地输往母国的商品(如食糖)数量巨大，充斥母国市场，大大超过它的需求，使母国的糖价低于其他国家，那么，母国从独占殖民地的输出商品中便可获益，因为，如果殖民地人民能把货物自由地卖给出最高价的任何国家的话，母国为得到它的货物就必须支付与其他国家同样高的价钱。

母国攫取的这种利益，是以牺牲殖民地的利益得到的。在自由贸易中，买卖双方得益。用强制手段得到的利益中，一方获得多大的利益，就是另一方蒙受多大的损失。母国在强迫殖民地以低于卖给其他国家的价格向它输出商品时，实际上就是向殖民地索取一笔贡金；当然不是直截了当的索取，但揭开伪装，实际上完全一样。

除了建立垄断公司外，如果要从限制殖民地贸易中获得任何利益，必然在于强制殖民地只向母国出口，而不是强制殖民地只从母国进口。因而，对殖民地政策的一项重大改进在于开放殖民地的输入,允许殖民地从它们能够找到的最有利的市场购买它们需要的货物,只在其出售货物方面加以限制;也就是说,允许殖民地随意从任何国家购买货物,但规定其不能将它们的货物卖给除母国外的其他国家。

同时可以看出,如果母国的商人可以自由地将从殖民地购入的货物出口,这些货物的价格在他们自己国内将上涨到与其他国家同样的水平。商人之间的竞争还将在殖民地把这些货物的价格提到相应高度。这样一来,母国得到的利益就消失了。

为了限制贸易自由,国家间有时订立贸易协定。一个国家只能以两种方式限制另一个国家:或者限制它购买,或者限制它销售。例如大不列颠限制某一个国家只能从它那里购买某些商品;大不列颠从这样的协定中得不到好处。由于国内商人之间相互竞争,这些商品卖给那个国家的商人会与卖给国内同胞一样便宜。没有这种贸易,他们运用其资本,也能得到同样的利润。在某些情况下,一个国家可能会从限制另一个国家只向它出售货物中获得好处。如果一个国家受限制,只能将不论何种商品出售给一个特定国家,这种情况完全和限制殖民地只能将商品出售给母国一样。由于没有一个自由国家会同意把它的商品只卖给一个国家,我们没有必要把这看作是实际会出现的情况。

一个国家可能接受限制,同意只出卖商品给另一个特定国家,可是不是它供外销的全部商品,只是其中的某些商品。

这些商品可能是即使在自由贸易中也只能获得正常资本利润的商品,如布匹、铁器、帽子等等。或者它们可能是能获得稍稍超过正常资本利润的商品,如谷物、酒、矿石等属于地租来源的商品。

一个国家强迫另一个国家将第一类商品只卖给它，这样做无利可图。如果它为这些商品支付的价格，不足以提供正常的资本利润，那个国家就不会生产这些商品。如果它支付的价格足以提供正常的资本利润，在这样的价格水平上，它不需要签订限制性的协定就可以买到这些商品。

受限制的商品带来的利润若稍稍高于正常的资本利润（高出额或者是地租，或者是垄断利润），情况则有所不同。在这种情况下，输送给买货国的数量，会降低该商品在这个国家的价格，使其低于其邻国，低于受限制国如果不受约束把它们运往那些国家出售的价格。一个国家限制另一个国家只与它进行贸易，所能得到的利益只能达到这个程度。这种限制可能有助于减少垄断商品的利润，或降低地租。

有一种讨论这个主题的方式，很容易使不习惯于探索政治经济学错综复杂问题的人感到迷惑。

假设有 A 和 B 两个国家，由协定或其他类似文件规定，A 必须从 B 进口全部需要的鞋子，并出口给 B 它的全部食糖。再假设，在没有约束的情况下，A 能够以便宜 50％的价格从其他国家进口鞋子；在这种情况下，一下子便能看出，B 购 A 的食糖所付的价值要比（如果允许 A 到它愿意的地方购鞋）应付的少 50％自己的劳动。

如果 B 用鞋支付所买的食糖，在自由贸易条件下，它无疑将多付 50％。

但是，如果 B 有其他商品能用以购买那些食糖，它提供这种商品的价格能够和任何别国一样便宜，在自由贸易条件下它就不会遭受任何损失;它将以与以前同等量劳动的产品去购买同等量的食糖;只是那种产品将不是鞋子,而是某种别的商品。

B 拥有与其他国家一样便宜的其他商品,这点是肯定的,否则它无法进行对外贸易。

但是,有人会这样说,虽然 B 可能拥有它卖价和其他国家一样便宜的商品,但是产糖国家不见得需要它们。但是,如果殖民地只需要鞋子,B 可以用其他商品在鞋价最便宜的地方购买鞋子;这样在自由贸易状况下和在限制贸易状况下一样,B 都可以买到同样数量的食糖。

第四章　消费

构成政治经济学主题的四组活动是生产、分配、交换和消费，前三者都是手段。没有人为生产而生产，不为进一步的什么。同样分配也不是为分配而分配。人们为了某个目的而进行物品分配，还有交换。

这个目的就是消费。生产物品是为了消费；分配和交换仅仅是中间活动，是为了把生产出来的物品送到要消费它们的那些人手中。

第一节　生产性消费与非生产性消费

消费可分为两类：了解它们截然不同的性质，有重大意义。

它们是，第一，生产性消费；第二，非生产性消费。

1. 进行生产需要一定花费。必要的花费有：必须维持劳动者的生活；供应劳动者适当的劳动工具，和供应劳动者用以生产商品的原料。

为了生产某种东西而这样花费掉的东西，称作生产性消费。

生产性消费包括三类物品。第一类是劳动者的必需品，在这个项目里包括劳动者工资能使他消费的所有东西，不管是维持生存所必需的东西，还是让他享受的某些东西。第二类是在生产中消耗的东西，如机器，包括各种工具，进行生产所必要的建筑物，以至牲畜。第三类是生产原料，所要生产的商品必定由这些原料所构成，或必定产生于这些原料。如生产谷物所必需的种子，制作亚麻布或毛织品所必需的亚麻或羊毛，为布匹染色的颜料，或任何必要的机械运转所必需消耗的煤。

在这三类物品中，只有第二类物品在生产活动过程中不是全部被消耗掉。生产中使用的机器和建筑物可以使用许多年；而劳动者的必需品和所要生产的商品的原料，不论是初级产品还是次级产品则全部被消耗掉。即使是耐用的机器，其磨损也等于部分消耗。

2. 以上是人们为生产而消费的事实。可是人们不生产（或与任何生产目的无关）也要消费。一个人给予耕田人的工资是为了生产才给予的；他给予男仆和马夫的工资不是为了生产给予的。制造商买进织造亚麻布所需的亚麻，是生产性消费；他买进自己饮用的酒，是非生产性消费。这些例子足以说明，当我们说到非生产性消费时，含义是什么。凡目的不在于由此获得收入而进行的所有消费都是非生产性消费。

根据这个解释，可见生产性消费本身是一种手段；它是进行生产的手段。另一方面，非生产性消费不是一种手段，这种消费就是目的。这种消费或者说它所包含的享受，就是想要得到的东西，就是全部工作的动机，为了消费才有工作的动机。

根据这个解释，还可看出进行生产性消费一无所失，不会减少个人财产或社会财产；因为一种东西耗尽时，另一种东西由之而产生。它与非生产性消费截然不同。非生产活动消费掉的任何东西都不见了。用这种方式消费，个人财产和社会财产会减少；因为紧随这种消费之后，不产生任何东西。商品在使用中消灭了，得到的是幸福、快乐和满足，这些是非生产性消费产生的。

生产活动消费掉的东西总是资本。这是生产性消费的一个特性，值得详加论述。一个人用一定资本开始织布。他用一部分资本支付工资；他用另一部分购买机器，余留下来的他用来购买织布的原料和其他为使布匹进入市场所需要使用的物品。由此可见他的全部资本都用作生产性消费。同样明显的是，举凡生产活动消费的任何东西都是资本；因为，如果这位布匹制造商（我们已经见到他的资本投入了生产性消费）腾出一部分他的利润，使用于他的事业需要的不同种类的生产性消费上，这部分资本正是在发挥与他先前资本完全相同的职能，事实上它是他原有资本的增加部分。

一个国家的生产能力在一年中产生的全部物品叫作年总产量。其中大部分要用来替代已经消耗掉的资本，即归还资本家支付的劳动者的工资，和他购买的原料，以及补偿机器的损耗。替代已消耗资本以后，总产量的剩余部分叫作净产量，总是以资本利润或地租名义进行分配。

这部分净产量就是基金，国家资本的所有增加，都由此而来。如果净产量全部被非生产性地消费掉，国家资本保持原状，既不减少也不增多。如果非生产性消费的数量超过净产量，超过部分取自国家资本，于是国家资本就减少。如果非生产性消费的数量少于净产量，剩余部分用作生产性消费，国家资本就增加。

虽然由此而可以对两种消费（生产性和非生产性）和两种劳动

(生产性和非生产性)获得很精确的概念,但是要在它们之间划一条清晰的界线并不容易。我们的分类工作几乎全都容易感到这样的烦恼:在区别最大的事物之间,永远有事物的各种层次,它们以觉察不到的渐变而相互接近。我们把动物分为两类:有理性的和无理性的。这两个概念的区别再清楚不过。可是可以发现一些生物很难说它属于两类中的哪一类。同样,有一些消费者和劳动者,他们看来可以列入生产性一类,也能够列入非生产性一类,两者都有合宜的地方。尽管有这个困难,为有利于论说起见,有绝对必要加以分类,在某个地方划出一条界线。为了科学理论也为了实践,做这个工作时要有充分的精确性。最主要的是,在下这类定义时要明确标明被分类事物的较重要特性。这样划分后,在实际中为那些看来处于两种类别的边缘并在某种程度上具有双重特性的事物留出余地,就不困难了。

第二节　每年生产的东西每年消费掉

我们已经弄清了生产和消费的性质,由此而很容易看出,每年生产出来的全部东西每年消费掉;或者,一年中生产出来的东西,第二年消费掉。

生产出来的每一件东西都属于某一个人,由物主决定派某种用场。但是只有两种使用方式:用于立即享受和用于最终获取利润。用于最终获取利润就是生产性的消费。用于立即享受就是非生产性消费。

我们刚在上文中看到,用于最终获取利润就是尽可能迅速地用于支付劳动工资，购买机器和原料。这点是首要的事实；在政治经济学中随意推理的那些人所犯的许多错误就是由于忽略这一点而造成的。从每年产量中节省下来的任何东西，为了使它转化为资本，必然消费掉；因为要使它发挥资本的作用，就必须用它支付工资，用它购买原料以便制成成品，或者用它制造机器（人们也是通过支付工资和加工原料制造出机器的）。关于每年产量中注定用于非生产性消费的那一部分，不会出现很多的误解。为立即使用的目的，超过需要地大量贮存这一类物品将带来损失，因而整个这类物品，除少数贮存久长能改善其质量的物品外，总是迅速被消费掉，或者处于即将被消费的过程中。

在政治经济学中，采用一年作为生产和消费的周期。任何期限都不是十分确切的。有一些物品的生产和消费周期大大短于一年。另一些商品的周期超过一年。为论述方便起见，必须假设某一时期包括这种周期。一年的期限是最为方便的。它符合一大类从土地上种植出来的产品。当我们得到与这个假设精确相一致的表达形式时，在实际中遇到生产和消费周期长于或短于这个标准的商品时，为使我们的陈述更有力量，修改它们也是容易的。

第三节　消费与生产共同扩大

只需要稍作解释便能表明，本节是上一节论证的命题的直接推论。

一个人只是因为希望占有，他才生产。如果他生产的商品就是他希望占有的商品，当他生产了他希望有的那么多时，他停止生产；他得到的供应恰好与他的需要相称。制造自己弓箭的野蛮人，不制造超过他希望占有数量的弓箭。

当一个人生产出任何商品，其数量超过他希望时，他只有一个打算，就是用他本人生产商品的剩余部分换取其他商品。看来不需要提出任何证据来支持如此当然的论点；一个人不希望占有那种物品而去困苦地生产那种物品的想象不符合已知的人本性的规律。如果一个人希望有一种东西，而他却生产另一种东西，那只能是因为用他生产的东西，能够得到他希望得到的东西，而且得到的数量比他自己努力生产它更多。

在劳动的分工和分布已经达到相当精细的程度，每一个生产者只限于生产某一种或某一部分商品以后，他生产出来的东西只有很少一部分用于自己的消费。其余部分他一定用于获得他希望的所有别的商品；当每个人限于制造一种商品并把他生产的东西交换他人生产的商品时，将发现每个人获得他希望的各种东西，比他努力为自己生产它们能得到的更多。

就一个人消费他所生产的东西而言，确切说来，不存在供给，也不存在需求。显然，供给与需求是涉及交换的名词，是涉及买者与卖者的名词。在人们为自己生产的情况下，不存在交换。他既不购买任何东西，也不出售任何东西。他有财产；他生产了它；但不打算与它分手。如果我们以一种比喻方法，在这种情况下使用需求和供给两词，就在这两个想象的词语中，暗示需求与供给彼此完全相等。因而就市场的供求来说，我们可以完全不考虑每年产量中由每一个生产者得到时就消费掉的那一部分。

这里说到供给与需求，说的显然指总的供给与需求。当我们说到任何特定国家在任何特定时间里它的供给与需求平衡时，我们不是指任何一种商品或两种商品。我们的意思是指它的需求总量（所有商品加在一起）与它的供给总量（所有商品加在一起）相平衡。很可能出现这样的情况，尽管需求和供给总数平衡，但某种或某几种商品的生产量却会超过或者低于对这些特定商品的需求量。

必须要有两种东西才能形成需求。第一种是得到商品的愿望；第二种是有可以给人的相当于这个商品的物品。需求意味着购买的意愿和购买的手段。要是少了其中一个，就不能出现购买。具有相等价值的物品是所有需求的必要基础。一个人希望得到某种商品，如果他没相当的东西给人，他的希望毫无意义。一个人拥有的相等物品是满足需求的手段。他需求得到满足的程度可以用他持有相等物的多少来度量。需求与相等物是可以转化的名词，其中一个可以用来代替另一个。相等物可以称为需求，而需求可以称为相等物。

我们已经知道，从事生产的每一个人都有得到他生产的商品以外商品的愿望，他希望得到其他商品的价值量相等于他带入市场的商品。显然，一个人不论生产何种商品，他不想留作自己消费，就成为他可以用于交换其他商品的手段。因此，他购买的意愿、他购买的手段，换言之，他的需求正好等于他所生产而不打算消费的物品的数量。

但是，每一个人贡献于总供给的是全部他所生产而不想消费的物品。每年产量中总有一部分以不论何种形式归他所有，如果他自己一点也不消费，他希望全部出售；那么这全部成为供给的资源。如果他消费一部分，他希望把余留下来的全部出售，那余留的全部成为供给的资源。

由于每个人的需求等于每年产品中的那一部分，或者一般说来等于他要出售财物的那一部分，因而与每个人的供给完全是一回事，每个人的供给与需求必然是相等的。

需求与供给是以特殊方式互相关联的两个名词。一件供应的商品同时总是实现需求手段的商品。一件实现需求手段的商品同时总是增加供应总量的商品。每一件商品总是同时是需求的资源和供给的资源。进行交换的两个人，并不是一个人只来供给而另一个人只来需求；他们每个人都兼有供给与需求。一个人带来的供给是他需求的手段；他的需求与供给当然彼此完全相等。

但是，如果每一个人的需求与供给总是彼此相等的话，那么一个国家全体个人的需求和供给总体上说必然是相等的。因此，不管每年产量的总数是多少，它绝不会超过每年需求的总数。全部年产量分作许多份额，份额数相等于受分配的人数。需求的总数等于产品所有人自己不消费的份额总数。但是份额总数等于产品总数。因此这个论证是完整的。

一个国家的需求一定总是等于它的供给，一个国家绝不会没有充分扩大的市场来容纳它的全部商品；这个论证不管看来多么完整，却很少为人们彻底了解，有时反遭到明白的反对。

反对意见是以这样的理由提出的：人们时常发现商品总是多于需求。

这个明显的事实不容争辩。但是容易看出，这个事实不影响它所反驳的论点的肯定性。

每个人所有的需求等于他所有的供给，虽然这个道理不容否认，但是在市场上可能找不到他想找的那种买主。到市场来的人可能不愿要他得出售的商品。同样真实的是，他带来与他的供给相等的需求；因为他要为他带到市场来的商品买回某些商品。如果说也许他卖掉东西只愿要钱币，这也没有什么不同，因为钱币本身就是商品；此外，要不是为了用钱购买生产性消费物品或非生产性消费物品，谁也不要钱币。

每个人都有相等的需求与供给；如果某种商品的数量超过需求，一定有另外一种商品的数量少于需求。

如果说每个人的需求和供给相等，那么社会总需求与总供给总是相等。可以想象，在这两个等量的供给和需求中，一个分作若干份，另一个也分作同样份数，全都是相等的，这些份儿彼此完全相等。需求有若干份是谷物，供给有同样份儿是谷物；需求有若干份是布，供给也有同样份儿是布，如此等等。在这个例子中，不管每年产量的总数大小，任何商品都不会过剩，这是很明显的。让我们再来想象，如果需求份儿与供给份儿彼此间的正好适应被打破，让我们假设对布的需求如常不变，而布的供给大量增加。当然出现布的过剩，因为对布的需求没有增加。可是，与此同时必然地出现其他商品的不足，不足数与布的过剩数相等；因为布数量的增加只有通过一种方法，那就是从其他商品生产中抽走资本，用以制布，从而减少那种商品的数量。但是，如果任何商品的数量减少，而较大需求量保持不变，那种商品的数量就显得不足了。因此，任何国家里，一种或几种商品量超过需求，而没有另外一种或几种商品以同等数量少于需求，这是不可能的。

由于需求与供给份儿中缺乏适应而引起的后果实际上是大家

熟悉的。出现过剩的商品价格下跌;数量不足的商品价格上涨。这就是市场波动,每个人对此有充分理解。过剩商品价格疲软,由于利润减少,一部分资本很快离开那个生产部门。稀缺商品价格上扬,招来资本进入那个生产部门,直到利润平衡,也就是直到需求和供给彼此适应,这样的资本流动才停止。

主张产品可以比消费增加更快的假定所能提出的最有力理由无疑是:每个人消费的只是必需品,年产量的余留部分可以节省下来。实际上这种情况是不可能发生的,因此它不符合人性的规律。我们能够探索到它的后果,有助于说明上边提出的产品与需求永远均等的论点。

在这样的情况下,每个人从年产量中得到的份额,减去他自己的消费,将投入生产。当然全部生产都致力于初级产品和少许粗糙的制造品;因为只有这些才有需求。由于每个人从年产量中得到的份额,减去他自己的消费,都为生产而支出,支出的费用将购买有助于生产初级产品和粗糙制造品的物品。但是这些物品本身显然也是初级产品和粗糙制造品。因此,每个人的需求全在于这些物品;同样,全部供给也是同样的物品。业已证实,总需求和总供给必然相等;因为全部年产量除了由分配到的个人消费部分外,都成为需求的手段;同时全部年产量减去个人消费后也成为供给。

因此,越来越多的证据说明,生产绝不会比需求增加太快。生产是需求的原因——唯一的原因。它在没有增加需求之时,绝不会增加供给,它在同一时候以同等的幅度增加两者。

有人反对说,为了这个论点的有效,必须假定:“新的爱好和新的需要与新的资本同时出现。”我想,稍加思考就能明白,提到的爱好和需要基本上和必然地包含在现存资本之中。

投入新资本购买物品要根据资本所有人的计划。无比重要的是要看到，资本的每一次投入就创造一次需求。这个重要的观点经常被人忽略，令人惊奇。这个观点几乎是不言自明之理，只要承认它，它本身便能答复主张或引用来支持产量多于需求的每一个论点。

当我们说一个国家的总需求包括一个明确的生产和消费周期(如一年周期)时，我们的含义是什么呢？我们的含义不是指这个国家的购买力吗？我们能不是这个意思吗？然而，它的购买力是什么？当然是进入市场的商品。另一方面，当我们说这个国家的供给(同样指总的供给并包括同样的周期)时，我们的含义是什么呢？我们意指的不正是进入市场的商品吗？我们能不是这个意思吗？结论太明显，不须多作解释。

在考虑这个主题时经常产生思想混乱的原因在于可能并确实出现的某些特定商品的过剩。虽然，没有等量的(在数量和价值上都相等)总需求，就不可能有总供给当然是正确的，但是会不会跟着特定商品过剩出现全部商品的过剩呢？

有人认为，我提出的一种或几种商品过分充沛超过需求，必定有某些其他商品跟不上需求，二者程度相等的论点，已经有事实予以回答，即供给过多的商品价值下跌，这个现象涉及过剩的全部危害，因而是对否认过剩存在的全部论证的答复。

这仅是文字上的答复。我的论点坚决认为，虽然在特殊事例中可能存在过剩，但全部商品中却不可能有过剩。但是对我的回答是：毕竟在特殊事例中会出现过剩。

就在自称为回答的那番话中，承认了争论中毫无疑问的事实。那番话中说，商品在过分充斥情况中价值下落。如果这不是文字游戏，它暗示引起争论的同一个道理：无论何时，有一组商品的供应超过需求，就有另一组商品的供应少于需求。

当我们说供给与需求彼此适应时，它必然意味什么呢？它意味着：以一定劳动量生产的商品交换同等劳动量生产的商品。充分地考虑这个前提，其余问题便可迎刃而解。

如果生产一双鞋的劳动量相等于生产一顶帽子的劳动量，只要一顶帽子可以交换一双鞋，供应和需求就彼此适应。如果发生了其他情况，即与帽子相比鞋价下跌，或者与鞋相比帽价上升而鞋价保持不动，这种情形暗示，与帽子相比，有较多的鞋进入市场。那时鞋的数量超过适当的程度。为什么？因为鞋中一定劳动量的产品换不到同样劳动量的产品。但是由于完全相同的理由，帽子的数量少于适当的程度，因为帽子中一定劳动量的产品可以交换鞋中超过相等劳动量的产品。

在一种情况中正确的道理，在任何别的情况中也是正确的。因此，由于一个国家的总需求和总供给绝不会彼此不相等，所以，如果没有一种商品出现供应不足，从而使其交换价值高于生产成本，绝不可能出现另一种商品过量供应，从而使其交换价值低于生产成本。因此，进行完全确定性的推理，看来可以证明过剩的理论是站不住脚的。

让我们把主要论点重述一遍。如这个理论中假定的过剩就是总产量的过多，它只能由于生产的不断增加而出现。让我们想象，我们已经达到供应正好饱和的一点，产量再增加，增加的产量将造成过剩。可是增加的产量出现了，并进入市场，后果怎么样？这个新产量寻求相等物进行交换。那就是说，它是新的需求。那么当每一次新的供应创造与它相等的新需求时，怎么可以说它是过剩呢？说这个新供应可能找不到买主，或者说这个新需求可能找不到想要的商品，显然是没有道理的；因为这等于说在特殊情况下，由于计算失当，可能出现商品充斥或不足。在这样的情况下，很容易探索到自然的后果，能提供决定性的证据。形成增加产量的商品，自然地想象它们可能包括以前市场上有货的某种商品。假定，以前在市场中的商品供需相互适应，没有一种商品供应不足或过剩。这些商品中的有几种商品由于新增产量而增加，同时又未创造新的需求的话，那就是过剩。这些商品比较其他商品的交换价值下落，其他商品与这些商品相比较，交换价值上升。可是实际上有新的需求被创造出来；因为新产品的主人，在他进入市场出售某种商品的同时，他要购某些其他种类的商品。他带来的某种商品的供应促使这些商品的价值减少，同时他带来的对其他商品的需求促使那些商品的价值增加。结果是，此刻生产某些种类商品比平时利润较小；而生产其他种类商品的利润比平时较大。这是一种会很快自行校正的不平衡。这是一个国家生产出现每一次增加的寻常方式，也是国家财富增长从最大不足到最大过剩每一阶段中显然相同的方式。当然，普遍的情况是，把额外产品投入市场的人总是尽力使他的产品是供应不足的商品，并购买供应过剩的商品；而市场状况一般能使他这样做。因而投入市场的额外商品不光会造成过剩，同样会经常补救过剩。

马尔萨斯先生在过剩主题上的理论，最终看来就是这样：如果

储蓄以一定速度增加，资本将比人口增加得快；如果资本确能这样增加，工资将变得很高，利润将相应下降。但即使情况果真如此，这也不证明过剩的存在；它只证明另一件事，那就是将出现高工资和低利润。资本的这种增加即使在合理设想中都很少出现，不管它是好事还是坏事，它肯定会产生自我纠正的办法：利润的缩小随即会减小资本增加的势头。

马尔萨斯先生进一步说，这样产生的高工资将导致劳动者阶级的游手好闲。这个预言可以争论；但假设它是正确的，它的含义是什么呢？如果工资保持不变，而所做的工作减少，那就是对同样的劳动量给予较高的报酬；因而它与工资上升完全一样。它只能加快利润的缩小，利润缩小到一定时候必将放慢并最后停止资本的增加，在资本增加放慢和停滞的影响下，工资自然下降。因此，这个反对意见与前一个并无不同；它恰恰是同样的反对意见，只不过形式不同罢了。

这样，马尔萨斯先生完全不能证明过剩的存在，即使在资本继续增加超过人口最大增加时也是如此。他只是用证明某种其他后果的论据来代替证明那个后果的论据。

他说，如果每年产量像这样继续增加，其价值将减少。可是这仅仅是文字游戏。他说，我称商品的价值为相等的日工资数。如果工资增加一倍多，虽然你把你的商品总量增加一倍，各种物品有两倍那么多，但你所有的价值减少。无论如何，任意改变词语的意义证明不了什么。不管是马尔萨斯先生还是我，都可以挑选称呼它们的名称，可各种事实及它们的关系却不会改变。事实仍是这一些：社会拥有假定的商品总量以及全部利润，而工资很高。

马尔萨斯先生又说，资本的这种快速增加会使生产减少。生产的增加依赖的是两种手段的增加——资本和劳动者。根据马尔萨斯先生自己提出和他据以推理的假设，这两个手段均以它们尽可能快的速度增加。而生产竟不以其尽可能快的速度增加，看来他这个假设是最不同寻常的假设。

如果像马尔萨斯假设的，假定的高工资将减少劳动力是正确的话，那么在这种情况下所做的工作和生产的产量都要比每人劳动未减少时降低，这点也是正确的了。让我们想象，由于工资增加，劳动力逐渐减少，到最后每个人只做以前一半的工作，那时有什么后果呢？后果就是这样：如果人口继续以尽可能快的速度增加，20 年数字翻一番，从劳动力方面得到的产量，不会比人口 40 年翻一番而每个人做两倍那么多工作时，有较多增加。但这仍比资本增加能促成的速度快，除非在某些非常稀有和不寻常的条件下才有例外。但是，如果劳动十分昂贵，资本又极为丰盈，后果将是：生产中由人力做的工作将尽可能减少，由机器和畜力做的工作将尽可能增多。人们将殚精竭虑寻找取代最昂贵工具的手段；将无终止地增多和改良机器；每年产量中的大部分将是资本的效果，直接劳动的效果只占少得多的比例。因此产量的减少与每个人劳动的减少几乎不成比例。

因而，所设想的后果实际上并不重要，否则人们也许要问，按照合理推断，高工资促使工业萎缩会达到什么程度。看来以往经验足以表明答案正好相反，在工资特别低的地方（如爱尔兰）几乎没有工业；而工资特别高的地方（如美国）工业最为发达。马尔萨斯先生所说由市场扩大给予工业的刺激物，他本人指的是什么？

第四节　政府消费的方式

所有消费不是由个人消费就是由政府消费。已经论述了个人的消费，余下的就是要论述政府为它的目标而作的消费。

虽然政府的消费就其实际需要范围来说具有最大的重要性，它对生产却没有帮助（除非是非常间接的帮助）。政府消费掉的东西，不是作为资本被消费掉，有产品替补，而是消费之后不生产任何东西。实际上这种消费是保护性的，在它的保护下所有生产得以进行；但是，如果其他物品也像政府消费东西那样被消费掉，那就不再有产品。这些就是把政府开支放在非生产性消费标题下的理由。

政府收入必定来自地租、资本利润或劳动工资。

的确，政府有可能消费国家资本的一部分。但是，政府只能在一年内或几年内这样做。每年政府消费掉多少资本，也就减少多少年产量；如果它继续消费，一定会把国家弄得贫困不堪。因此，不能把政府对资本的消费视为永久性的收入来源。

如果说政府收入必定来自地租、利润、工资三种来源中的一种或几种；要问的唯一问题是，应该以何种方式和按什么比例从每一种来源获得收入？

直接方法是那种我们有最明显印象的方法。因而我首先将考察那些最为重要的直接从地租、利润和工资中获得政府收入的方法；其次，我将考察那些较为值得注意的间接地从地租、利润和工资中获得收入的办法。

第五节　地租税

供政府费用支出，取自地租的份额不影响国家的工业，这点充分明显。土地的耕种依靠资本家，当他得到寻常的资本利润时，已向他提供了适当的投资动机。超出寻常利润的部分，不管以地租形式付给土地业主，还是以国家岁入形式付给政府收税员，对他完全无关紧要。

欧洲有一个时期，君主日常费用的大部分，由他作为业主保有的土地支付；而军事作战经费主要由贵族支付，君主在赐给他们一定数量土地财产时订明那个明确的条件。因此那个时候，除了一些微不足道的例外，政府的全部开支都由地租支付。

在亚洲一些重要的君主国家里，国家的经费几乎在任何时期都用地租支付；但在方式上略有不同。那里土地由直接耕种者占有，通常面积很小，有永久所有权但可转让；那些地主有每年向政府缴纳赋税的义务，缴纳数可以由君主任意增加；其数额很少低于全部地租。

如果有一群人移民到一个新地方，而土地尚未成为私有财产，由于这个理由，可以认为地租是特别适合提供政府紧急需要的财源；工业不会因这个措施而蒙受最小的抑制；政府经费支出不会增加任何人一点负担。资本所有人享受资本的利润；工人阶级享受他们的工资，不受任何丝毫扣除；任何人都能以最有利的方式运用他的资本，不会由于税收的有害作用，导致资本脱离对国家有较大生产能力的渠道，进入只有较少生产能力的渠道。因此，保留地租作为应付国家紧急需要的基金特别有利。

的确，即使在土地尚未成为私有财产的情况下，这个办法也有不方便之处：在具有一定版图和一定人口的国家里，地租会超过政府需要开支的数字。多余部分无疑必须以最有利于人民幸福的方式在人民中分配；为达到这个目的，也许最好的办法莫过于使土地变为私有财产。由于在地租负担一部分国家经费的情况下使土地变为私有财产并无困难；因而在地租负担全部国家经费的情况下使土地变为私有财产看来也不会有困难。在这种情况下只需要更多的土地成为同等价值的私人财产。在这种情况下实践会使土地精确地具有价值，和在如今条件下并无不同；很明显这个社会事业的进行不会改变任何其他方面。

可是，在土地已经转化为私有财产，没有使地租以特殊方式负担国家经费的地方，在土地已作为私有财产买卖，个人的期望已经适应事物秩序的地方，用地租来满足政府的全部需要则是不公正的。把国家的重担放在一部分人身上，免除其余人的责任，这是不公正和不平等的。因此，任何打算以公正原则管理其事务的政府绝不会想采取这样的措施。

但是买入或售出的那种地租，为个人期望所寄的那种地租，从而必须免除任何特殊赋税的那种地租，就是如今的地租，或者就是有合理改善前景的如今的地租。任何人在购买土地时，或设法赡养家庭时，他所思考的没有理由超越这一点。现在假设在这样的环境里，议会有权运用自己的作用，在所有其他事物不变的情况下，增收一倍严格地和适当地属于地租的那部分土地产品；从正义观点观看，没有理由说议会不应该利用它代表国家的权力；从实际需要点看，议会有十足理由利用它代表国家的权力；只要它把这批新基金按照需要的数量作为政府的支出经费，同时免除人民负担。这样做并不损害原来的地主。他原来享有的地租，甚至他期望得到的地租，依然照旧。与此同时，社会里每一个人由于免除为政府开支负担捐税（否则他要缴纳这笔捐税），则会得到巨大的利益。

毫不夸张地说，议会掌握那种权力，虽然我上文所说的仅仅是虚构。使用所有那些增加人口数量和增加食物需求的措施，议会肯定能增加土地的净产量，好像它有能力使用超自然的行为做到这一点。议会在想象中要立即行动办理此事，它在实际上使用渐进的办法，就结果来说并无区别。原先的地租属于地主，他在购买土地时地租是他决定是否购买的主要条件；如果他得赡养家口，他为家人生活安排的设想端赖地租；所以原先的地租根本谈不上有能力做到土地净产量的增加，不管这种增加用的是缓慢的还是突然的办法。如果说用突然的办法在不损害地主的条件下使产量增加可能合乎国家的目的，没有理由说使用缓进办法使产量增加不可能同样合乎国家的目的。

随着人口增加和资本在土地上使用的生产能力越来越小，可以肯定地说，国家整个净产量中越来越大的一部分成为地租，而资本的利润成比例地减少。这种由社会环境造成的不断增加（地主本人没有为此作特殊的贡献）在从未进行过土地调拨的国家里，全部作为地租，不如把它拨作国家使用的基金，更加合适。当地主原先的地租（他本人和他家属生活安排的唯一来源）由特殊办法予以保证时，把一个新的收入来源（对他毫无损失）拨作国家事业使用，地主没有不满的理由；如果这样做了，不论新来源来自土地，还是来自任何别的地方，显然没有区别。

如果我们接受麦卡洛克的意见[①]，认为根据先前立法，土地能生产的全部产品（在假定的事例中）都应给予土地的所有人，问题就到此为止了。因为，我比任何其他人都更坚决地反对不公平的税制，反对对任何一个阶级的财产征收比另一个阶级的财产更多的赋税。真正的问题在于，超过一定数量年收入以上的任何收入（也就是目前能得到的收入加上合理预期若干年内收益的增值），以考虑这个问题的真正公正的方式判断（排除仅仅作枝节上的考虑），能够认为是地主的财产吗？我提出的考虑结论，在我看来可以确立，我提出的对这个名词含义的这种限制，不会破坏功效的论点。

我绝对不赞同像麦卡洛克先生那样把土地与资本相提并论，好像因为对增加的资本利润不得征收专门的税，因此以上文提到的方式产生的地租也不能公正地拨归国家使用。没有其他人比麦卡洛克先生更了解资本利润与土地地租之间的根本不同，所以他竟把他的论点建立在实际不存在的二者之间的一致性上，就更加令人吃惊了。

就在他的大作同一页上前几行，他承认地租与利润的明显不同，足以使我认为他的话驳倒他自己的论点。他说，“在社会发展中不可避免地出现产生地租的环境，使我们想到，对于拥有大批肥

① 见不列颠百科全书附录第 617 页麦卡洛克论“税制”的一篇极其出色的文章。

沃而未分配的土地的一些国家（如美国）来说，把这种土地财产保留在自己掌握之中是良好的政策。”换言之，就是要保留地租供国家使用。利润的情况不但不同而且相反。在社会发展中，利润没有上升而是下降。土地是自然的恩赐才存在的；资本是人勤勉的产物。土地原来不是任何人的财产，资本永远是人的财产。必须保证资本所有者得到利润，才能为他提供保持和扩大资本的动机。而对于保持土地或扩大土地的产量来说，向地主提供地租则没有丝毫重要意义。实际上利润是基金，地租一直从基金中取得；在社会发展中，地租的每一次增加，都是从利润中扣除而得；换句话说，可以把地租看成是从利润头上征收的税，不是有利于国家，而是有利于地主。

第六节　利润税

对资本利润征收直接税不存在任何困难问题，它将全部落在资本所有人身上，不可能转嫁给社会的任何其他部分。

由于利润税平等地影响全体资本家，从事任何一种生产的人不会产生把资本转移到另一种生产的动机。如果他要支付从已经经营的事业中获得的利润的一定部分，他同样要支付从另一事业中获得的利润的同等部分。因此，课征资本税不会使资本从一种事业转移到另一种事业。如果对每种商品有同样的需求，就将生产同样数量的每种商品。从整体上看，存在同样的总需求量也是很明显的。假定同样的资本运用在生产事业中：如果资本家所得中的一部分被取走，就比例地减小他购买的手段，它转移到政府手中，政府的购买力因之将有同样程度的增加。

因而，利润税将保持同样的需求和同样的供给；还将保持同样的货币量和同样的流通速度；所以货币的价值将保持和先前一样。

第七节　工资税

如果工资已经降到所能达到的最低点，也就是仅足以维持劳动者的人数，如果工资处于李嘉图先生在他论述政治经济学的全部论著中所思索的那种状况（人口增加快于资本增加的趋势，无疑使我们认为他所说的是自然状况），那就不能对劳动者再征税；在这种情况下如果对工资课税，就很容易看出它会以什么方式使工资相应上升。如果工资低到只能维持劳动者原有人数，则再从那些工资中取走不论多少，劳动者的人数必将下降。随着劳动者人数的下降，工资必定上升，这个过程将继续下去，直至工资提高到足以维持劳动者的人数；换言之，工资将高到征税以前的水平。

如果工资不是处于最低点，如果工资相当高，在提供保持劳动者人数所必需之外还有多余，从工资中减少一点不会降低劳动者人数，则工资就可以成为征税的对象。

工资与任何其他商品的价格一样，它的上升或下降与对劳动需求（和供给相比较）的上升与下降成比例。

当工资低到仅能保持劳动者人数时，倘若再向工资征税，工资必然上升，上升额与所征税额相等，因为在向工资征税时，劳动者的供应将不断缩小，直到出现这样的工资上升。

在工资高于这个水平的情况下，向工资征税不一定降低劳动者的人数。因而劳动者的供应状况没有变动。而如果对劳动者的需求没有增加，课税就不会使工资上升；如果工资没有上升，税款必然落在劳动者身上。因此，要回答税收是否落在劳动者身上这个问题，得看对劳动的需求增加了还是没有增加。

对劳动需求的增加只能出于两个原因：或者由于资本增加，用于雇用劳动的基金增多；或者由于对固定资本产品的需求和对直接劳动产品的需求之间比例的变动。

第一个原因不须说明。我们要着手探索的是第二个原因的作用。由于一个国家的需求包括大批个人的大量需求，举一个人的例子就可说明整体。

假设有一个有一定收入的人；为了明确我们的概念，让我们定为每年1 000英镑，这就是他的需求。我们假定他的需求分为两部分，一部分是他对固定资本产品的需求，另一部分是他对直接劳动产品的需求。再让我们假定这两种需求的比例在两个不同时间是不同的。让我们看一下后果是什么。

我们假设他用这种收入中的500英镑购买固定资本的产品；用余下的500英镑购买直接劳动的产品。

在第一种情况下他只购买商品；在第二种情况下他购买商品或劳务，但不管他购买商品还是劳务，他都同样为雇用劳动而付钱。例如有个人一天做一只篮子，你买篮子付他一先令；另有一个人为你的花园除一天草，你付他一先令工资；在两个例子里你对劳动提供的需求完全相同。用于购买直接劳动产品的500英镑，就是对一年工资500英镑的若干劳动者的需求，譬如说1 000个劳动者。

如果他花另外500英镑购买的由固定资本制造的商品是单纯由固定资本制造的(这纯属想象出来的事例,但为了便于说明起见,我们可以这样假设),则他收入中这一部分便根本不构成对劳动的需求。这样购买的商品的价格全部由利润构成。它是过去花费的劳动的结果,与那部分现在在市场上的劳动完全没有关系。

假设这500英镑中的一半,由于本人爱好的转变,从购买商品(固定资本的产品)转而购买直接劳动的产品。就出现两种情况:一是创造了价值250英镑的对纯劳动的需求;二是消除了价值250英镑的对固定资本产品的需求,这就是说,那个国家产生250英镑利润的资本变为无用。这完全不同于利润率的下降。利润率的下降可以伴随两种需求的变化,也可以不伴随这样的变化。这是资本的损失。到这种程度,资本停止运用,也不再被有用的目的所需要,它被毁灭了。与此同时毁灭了每年250英镑的生产能力。没有新的产量来补偿这个损失,因为根据假设,劳动者的人数没有增加。在这笔250英镑的假定收入重新运用时受雇用的每一个劳动者,即使没有资本被重新运用,即使这笔资本没有被毁灭,本来也会受雇用的。

在重新分配这1 000英镑收入后,给予劳动阶级的数额和从资本家阶级那里取走的数额一样多。以前作为利润给予资本家阶级的250英镑,现在作为工资给予了劳动阶级。至此,并无绝对的损失,一方得到的与另一方失去的一样多。损失是这样造成的,即:没有增加新的劳动就业,也没有增加劳动生产力,当然也没有增加劳动生产力的产量,但一部分资本却从运用中排除出去,失去它的生产能力,因而国家的年产量缩小了。

当发明能做直接劳动工作的机器时，这种情况彻底改观。让我们作一个与上边极端例子相同的假设：发明的机器可以不要人力的帮助做人力劳动的工作，那么产品成为纯粹资本的结果。我们假设资本为10 000英镑；最初全部用于支付工资。我们假设这10 000英镑后来用于制造机器，机器能制造同样数量的同样商品。在这种情况下，得到10 000英镑工资的全体劳动者被剥夺原来的工作。后果不是他们被迫失去工作，而是他们增加了市场中的劳动供应并降低工资。在这个事例中，劳动者不一定停止生产，他们生产得和以前一样多。所以，机器生产的全部产品是新产量，是过去年产量总数之外的增加产量。

现在比较两个例子：一个例子中对固定资本产品的需求减少，对直接劳动产品的需求增加；另一个例子是对固定资本产品的需求增加，对直接劳动产品的需求减少。在前一个例子中，工资上升，利润下降，其幅度相等。但是，此外产量降低，其幅度相当于全部被替代的资本的生产能力，这是真正的损失。在后一个例子中，工资下降，利润上升，其幅度还是相等，但是在这个例子中产量增加，其幅度相当于全部新创固定资本的生产能力。这是雇用劳动的新基金，这种基金本身就能阻止工资下降。

详细说明了不增加资本量能增加对劳动需求的唯一例子后（在这个例子中，我们假设资本数量不增加），我们准备看一看，由于向工资征税，使劳动需求增加，在什么情况下能够使劳动者免去税收负担，什么情况下不能够使劳动者免去税收负担。

当工资相当高，有能力承担税赋时，向工资征税的后果是，使一定劳动和资本产品的拥有权从劳动者阶级转移给政府。这笔税款在从劳动者那里取走前，呈现为劳动者对这么多固定资本的运用和这么多直接劳动工作的需求。在这笔税款转移给政府后，以同样方式呈现为政府对这么多固定资本的运用和这么多直接劳动的工作的需求。如果对固定资本产品和直接劳动产品的需求，在两种情况下它们的比例相同的话，课征工资税便不会改变对劳动的需求，全部税收落在劳动者身上。如果政府显示对直接劳动产品的需求比劳动者显示的大，政府显示对固定资本产品的需求比劳动者显示的小，则对劳动的需求将增加，工资将上升，工资上升的程度刚刚补偿劳动者负担的税，但是使利润蒙受损失，并带来无法补偿的损失，那就是损失了被替代的资本原来可以生产的全部产品。

可是，严格地说，这时的工资上升不是向工资征税的结果。它是完全不同原因的后果，是我们所假定的政府支出的那种特殊性质造成的。因而，当我们谈论工资税对增加或减少劳动需求的影响时，不必考虑这个可能伴随也可能不伴随的外部因素。向工资征税造成的唯一基本后果就是从劳动者那里拿走这么多的钱，正如向利润征税从资本家那里拿走这么多的钱，和向地租征税从地主那里拿走这么多钱一样。

关于这个问题，更重要的是要看到，政府支出由于为直接劳动提供较大的需求，为固定资本产品提供较小的需求，因而促使工资上升，其实如果向利润或向地租征税，同样会出现这种作用。如果这就是政府支出对任何征税收入来源的作用，那么，向工资征税仅仅是阻止劳动者获得工资上升的利益，如果不向工资征税，工资上升的全部利益会全归劳动者享有。因而，从这个意义上说，如果这个作用包括在内，什么都包括在内；显然，工资税确实落在劳动者的身上。

我的论点可以扼要地陈述如下。在征税之前，存在对劳动的一定需求；这种需求有一部分产生于地主的基金，一部分产生于资本家的基金，一部分产生于劳动者的基金。征税之后，前面两个保持不变，但产生于劳动者基金的需求缩小了。如果需求的这种损失得不到补偿，则工资税将使劳动者蒙受两种不幸：他要支付税款；他的工资将下降。但是他不会蒙受第二个不幸，因为劳动者方面需求的缩小会得到补偿。政府方面需求的增加恰好等于劳动者方面需求的缩小。这样就阻止工资下降，但只能做到这一点。它不会产生任何东西来补偿征收去的税款。

第八节　均等地落在全部收入来源上的直接税

估定税、人头税和所得税都属于这一类。经过上文论述，不难看出在各种情况下，税收负担落在谁的头上。

就收入来自地租的人和收入来自资本利润的人所负担的税收来说，税收负担由这些阶级承担不会出现由税收引起的外加的需求，因而地主不能提高地租，资本家不能提高商品的价格。

关于劳动者，结果视不同情况而异。如果他的工资已经处于最低点，这种税收不可能落在他的头上。否则他的工资将上升，从而把他的负担转嫁给资本家。如果劳动者的工资相当高，他将承受他的一份负担。

这些税收对物价的影响很容易确定。向地租征税不会改动任何物品的价格。地租是价格的结果，而结果不能对原因起作用。对利润征税会改动价格，就像对工资征税改动价格一样。

对工资征税，有两种情况：一种是税收提高工资；另一种是税收不提高工资。在工资税不提高工资的情况下，很难想象课征工资税会使物价发生变动。国家的资本看来不会因此出现变动，当然产品数量也不会有任何改变。就需求而言，属于劳动者的一部分购买力消失了；但是从劳动者那里拿走的购买力全部转移给了政府。政府可能把这笔税款运往国外。如果我们假设政府运往国外的是商品，则很明显，物价不会降低。如果政府运往国外的是生金银，从长期看情况也相同；因为要补充金银市场上造成的亏空，必定要运出商品去购买金银。生金银出口，如果因此减少货币数量，物价将暂时跌落。但是在任何其他情况下，同样的原因也必然会造成这一结果。

在工资确有上升的情况下，也可以看到：国家的资本和产量保持不变，需求与供应量保持不变，货币价值保持不变；因而，总物价总体说来也保持不变。当然，每当工资上升和利润下降时，某些种类的商品的相对价值必然会发生变化。那些主要由固定资本生产，很少支付工资的商品，与那些很少或者不需要固定资本而主要用直接劳动生产的商品相比较，价格下降。但是二者一涨一跌刚好拉平，这两类商品中一类商品上涨多少，另一类商品下跌多少；总起来看，两者的价格，或者说两者的中间价格仍保持和以前一样。

这几种财富，在寻常和通俗语言中都称为收入，实际上却完全不是一回事。这就引出一个问题：向所有收入征收同等的税是否公平。但是，以什么比例征税的问题是政府政策问题，不是政治经济学问题；关于税收，政治经济学只限于研究两个问题：第一，年产量分为三个原始份额，即地租、工资和利润，税收究竟落在哪一份额上。第二，税收对生产是否产生不利影响。但是，由于上面提到的问题一般都在政治经济学书籍中提到，因此在这里指出它的答案也是合适的。

就这个问题而言，各种收入的重大区别似乎指它们的价值。除了极少数例外，所有财富都可以视为收入。但是收入的价值取决于两个因素：第一，取决于它们的数量，如每年 100 英镑或 1 000 英镑。第二，取决于它们的持久性和可靠性。例如，一个每年有 1 000 英镑的人比每年有 100 英镑的人财产价值多 10 倍；但这样说只有在两人财产的持久性和可靠性相同的情况下才是正确的。如果能永远每年得到 100 英镑，而只能在若干年内每年得到 1 000 英镑，那么每年 100 英镑就比每年 1 000 英镑更有价值。在征税时，先要对财产估价，要是估价只根据财产价值因素中的一个因素，而不是同时根据两个因素，这是必不可允许的主张，除非有十分有力的理由。

让我们假设，某人有地租收入 100 英镑；另一个人有工作薪水 500 英镑，他的薪水不但只在他健康工作时才有，而且在一定程度上要由他的雇主任意决定。第一个人收入价值 30 年收益，而后者在一定条件下只值 6 年收益。这两人财产的实际价值，在这种情况下完全相等；根据相等财产相等负担的原则，对两者课征的税应该相等。

确实,如果按数量征税,一个按100英镑付税30年;另一个按500英镑付税6年,税款总数相等。但是这个税制原则经常受到这样的反对:这个办法没有考虑到个人和他们的感情,而个人感情是任何考虑必须顾及的。

我们考虑这个问题还必须考虑到另一种可能。收入为100英镑地租的那个人享有地租的时间可能与收入为500英镑薪水的那个人一般短促;第一个人年收益的年份可能不比第二个人领薪水的年份更长。

这样,所有收入无疑都要用个人的寿命来衡量。

还可以这样断言:正如收地租者的收入可以传给他的子孙那样,领薪水者的收入也可以传给他的继任人。严格地说,这两种收入都同样持久;地租源源而来一代接着一代,薪水同样如此。因而,如果用一种税率向地租征税,用另一种税率向薪金征税,就会出现负担不同程度税收的两股持久不断的收入源泉,一个负担较重,另一个负担较轻。

这是实际情况,作这种区分的唯一理由是继承收入的人不同。在收入来自土地或资本的情况下,收入传给一个人的孩子,传给与他最亲近的人;在收入来自薪金的情况下,收入传给与此人没有亲缘关系的人。这个理由是否充分,还需要考虑。不可能有疑问的是,他们的收入在他们去世时究竟是传给他们的孩子,还是传给他们在职位或工作上的继任人,这种区别对于感情和对于个人的幸福造成巨大的差异。由于这个理由,所有良好立法的原则要求在征税时应该注意相应的区别。

但是有人说,这是朝向均等财富迈出的一步。它将减少永久收入持有者子孙的收入，以便增加非世袭收入者子孙的收入。这种意见会遭到同样理由的反对，说它将以收入等级的比例提高税收的等级；例如，对每年收入 1 000 英镑的人征收比每年收入 100 英镑者较高的商品税。这将减少储蓄的动机，因为它减少了积累财富的价值。这个断言有无充分理由尚须调查。

一项公正的税收应该让不同纳税阶级的相对境况在征税后与征税前相同。在考虑国家事务需要的数额时，这是正确的分配原则。

就不同持久性的收入来说，什么使纳税阶级的相对境况前后相同呢？一个人的孩子的良好前景很显然是相对境况的一部分。如果一项对两个阶级征收的税，使一个阶级的孩子的相对境况与另一个阶级孩子的境况相比较，较之未征税前降低了，这项税就未能让这两个阶级的相对境况保持不变。

假设有两个人每年都有 1 000 英镑收入，一个是地租收入，另一个是薪金收入，后者有 15 年的收益。假定为了孩子今后生活，拿薪金者储蓄一半，那个地租收入者把收入全部花光。就支出而言，那个拿薪金的人在与另一个人的相对关系中，他犹如只有一半收入的人。

接下来让我们看一下孩子的情况。每年 500 英镑储蓄 15 年，以复利计算将达到约 10 000 英镑。这笔金额以 5%的利息计算，将能向拿薪金者的孩子提供一年 500 英镑的永久性收入。那个地租收入者的孩子每年有 1 000 英镑收入。这样看来，如同拿薪金者的境况只能说是地租收入者的一半，他们孩子的境况也和父亲一样。

因此很显然，如果向拿薪金者征税超过向收地租者税率的一半，对他显得太高了。假定薪金有15年的收益，地租有30年的收益，这里的比例还是一半。可见正确规律应该是，如果此人的收入只值彼人年收益的一半，则只应对此人收一半的税；如果此人收入只有彼人的三分之一年收益，则只应征收三分之一的税，以此类推。

可以这样说，如果靠薪金为生的阶级税收负担超过应当承担的分量，会自行调节得到平衡；因为他们的原有职业失去吸引力，愿意做这项工作的人就少了，于是薪金将上升。这样说并不能消除反对意见。首先，立法为什么打乱自然的比例，而让事物规律的力量去恢复它？其次，在这种情况下，平衡的恢复是一个缓慢的过程。要经过一代人的时间，靠薪金生活者的人数减少才能使其生活条件上升。因而整整一代人蒙受牺牲。

第九节　商品税；向某些特殊商品征收的税，或向所有商品均等地征收的税

商品税可以向某些特殊种类的商品征收，或者向所有商品均等地征收。

当向某种商品而不向其他商品征税时，这种商品的价格或交换价值便上升；这种商品的贩卖者或生产者从涨价中得到预付税款的补偿。如果他得不到补偿，他就不再处于和其他人同等的水平，因而将停止经营或生产这种商品。在这种情况下，由于税收加在商品价格上，全部税收落在消费者头上。

当税收以商品价值比例落在全部商品上时，则情况有所不同：没有一种商品的交换价值与另一种商品相比较而上升。如果一码绒面呢的价值等于 4 码亚麻布，如果对两种布按其价值征税 10%，一码绒面呢还是等于 4 码亚麻布。

向所有商品征收从价税，将引起价格(或相对于货币的价值)上升。

社会上每个人带着与以前一样数量的货币进入市场。然而在货币进入生产者手中时，其中的十分之一转到政府手中。但是这笔钱很快由政府本身或由受政府转让者花费在购买物品上。因而，这笔钱落入生产者手中的次数在征税之后要比在征税之前多。在征税之前，这笔钱从购物者那里进入生产者手中一次；在征税之后，它以相同方式进入生产者手中，不过这笔钱先从他们那里转移给政府，然后再从政府那里第二次回到生产者手中。

在这种情况下，生产者出售他们商品而得到的，不止像以前那样得到全部十分之十的本国货币，而是得到两次十分之一，而以前他们只得到一次十分之一。这种状况完全和他们得到十分之十一是一回事，或者好像国家的货币增加了十分之一。因而，货币购买力缩小了十分之一；换句话说，商品价格上涨十分之一。

在这种情况下，税收落在谁的身上是充分明显的。购买者带着和以前一般数量的钱进入市场。可是那笔钱的购买力缩小了十分之一，它们只能买得比以前少十分之一的商品。当然税收落在购买者头上。

由于这个论点还不能在我十分尊重其判断力的某些人的思想

里产生我认为它应该具有的说服力，我愿再次提出一个尽可能简单的例子，力图使这个论点更加清楚。

让我们假设有一个社会，只有10个人和面包与肉两种商品。我们再假设其中5个人有5个面包可转让，另外5个人有5磅肉可转让，一个面包的价值等于一磅肉的价值。我们还要假设，像在较复杂的社会中那样，交易使用货币进行；同时作为最简单的例子，我们假定全部商品与全部货币交换；换言之，全部货币运转一次完成一次全部商品的交换。如果每个面包价值10便士，每磅肉也价值10便士，在这个假设中，有5个面包的5个人应有50便士，有5磅肉的5个人也应有50便士。

很明显，有5个面包的人用50便士到市场购买5磅肉，支付的肉价将是每磅10便士；有肉的人到市场去买面包，支付的面包价将是每个10便士。假使我们想象面包和肉的生产永远如此重复，显然同样价格的同样交易将永远进行下去。我想，这些全很清楚。

接下来让我们假设，政府对这些商品征10%的税，注意观察将有什么后果。当第一个面包卖得10便士时，收到10便士中的一个便士由出售人付给政府；当一磅肉出售时，收到10便士中的一个便士以同样方式付给政府。到全部商品都做了一次交易时，十分之一的钱付给了政府。政府一收到这笔钱，很快进入市场用它购买同样的商品。以前的购买者带着全部以前的数额，即100便士进入市场，政府带着另外的十分之一进入市场。因而，购买同一数量的商品，以前付100便士，现在付110便士。由此证明，商品价格以税率的水平上升。其原因是，有一部分货币原来在商品交易中只运转一次，现在则运转两次。

即使我们假设货币周转的速度还要快得多，为使全部商品交易一次，每个货币必须运转10次，情况仍是一模一样。必须指出，这是周转迅速这个词唯一正确的含义。只是在这一意义上，周转迅速才对货币价值产生影响。因此，严格地说，这是这里使用这个词的含义。如果我们假设，为了使全部商品进行一次交易，货币必须周转10次，则很显然，正如上文解释的那样，货币每交换一次，刚好交换十分之一的商品。让我们想象，上面例子中假设的面包和肉的数量增加10倍，面包50个，肉50磅，货币保持不变，但要使全部商品交换一次却必须周转10次。非常明显，我们刚才解释的由于税收所产生的后果，当全部商品的交易由货币运用一次完成时，这个后果落在全部商品上，现在货币运用一次只交换十分之一的商品时，这个后果便落在十分之一的商品上，商品的货币价值被提高十分之一；每件商品提价十分之一，全部商品必然也受同样的影响。

第十节　土地产品税

土地产品税，例如向谷物征税，就如向其他任何商品征税一样，将提高谷物的价格。其影响不是落在农民头上，也不是落在地主头上，而是落在消费者头上。农民的境况和任何资本家或生产者一样；我们已充分明了向商品征的税怎样从生产者那里转嫁到消费者头上。

地主同样不负担税收。我们已经知道，运用在土地上的一部分资本的报酬，足以产生资本的正常利润，不会更多。农产品的价格必须足以产生这样的利润，否则资本将撤走。如果向农产品征收，由耕种者支付，结果是，农产品价格必然上升到足以收回所付的税款。如果税率是出售价的 10%，谷物必然涨价十分之一，税率变动，价格也按比例变动。

在这种情况下，很容易看出税金的任何部分都没有落在地主头上。要是十分之一的税用实物支出，情形也是一样。在用实物支付税款的情况下，地主得到的产品减少十分之一，但是产品价格上升十分之一，他可以得到完全的补偿。他的地租虽然从产品上看有变化，从价值上看却完全一样。

如果政府不是征收根据价格变动的货币税金，而是按蒲式耳或夸特征收固定货币税金，地主的货币地租还是不受影响。假定如上文解释的那样，土地或资本只生产两夸特时不产生地租，它生产 6 夸特时产生地租，在这种情况下，4 夸特就成为地主的所得。假设每夸特征税 1 英镑，谷物价每夸特必然上涨 1 英镑。在征税之前，农民付给地主 4 夸特的价款；在征税以后，他付给地主 4 夸特价款但扣除每夸特 1 英镑，以收回他支付的税金。但是谷物价格每夸特上涨 1 英镑。因此他付给地主的金额和以前一样。

第十一节　农民利润税和农业工具税

如果只向农民的利润征税，不向其他生产者的利润征税，将出现如下后果。

首先它将提高农产品的价格；因为农产品的价格由不付地租

的资本的产品决定，如果产品负担税金，它的价格必定像其他被征税的商品一样上升，以补偿生产者的损失。

由于农产品价格上升，这种税将增加地主的地租。假设在这种情况下运用在土地上的资本的生产能力分为三级：生产能力最高部分生产 10 夸特，第二级生产 8 夸特，第三级生产 6 夸特。在这些条件下耕种的土地的地主将收到 6 夸特谷物作为地租，其中 4 夸特由第一级土地产生，2 夸特由第二级土地产生。如果征税后提高谷物价格 5%，地主收到的地租还和以前一样为 6 夸特的谷物；但是 6 夸特谷物的价值已上升 5%；因而地主的地租上升了 5%。

这种情况与上节所谈情况之间的不同在于，地主的产品部分没有被征税，而农民的利润被征税。

农业工具税实际上等于农民利润税。它同样使农产品价值上升，而不影响给予地主的地租的数量。例如，对耕地的马征税，增加农民生产费用，就像对煤征税增加铁器铸造匠的生产成本一样。农民只能增加农产品价格来弥补这笔费用。但是，由农民的不同部分资本所生产的 10 夸特、8 夸特、6 夸特的谷物数量不受影响。6 夸特谷物还是和以前一样是地主的地租。因而，不但全部税金负担落在消费者头上，而且还承受了另一个负担，就是付给地主的额外地租。全社会部分为了政府的支出，部分为了地主的利益而承受税收负担。

第十二节　什一税和济贫税

什一税是向土地产品征收的税，抽产量的十分之一，有时全收，有时收一部分。

因此这种税的作用已可肯定。它提高农产品价格，全部落在消费者头上。

如果济贫税按照农民、制造商和商人的利润的比例征收，它就是利润税。如果它按照地租的比例征收，它就是地租税。如果它按照房租的比例征税，它就落在住房者的身上，成为一种所得税。从征收这种税的方式看，它部分来自所有这些来源。即便它不匀称地落在某一资本家阶级头上，该阶级也能获得补偿。如同寻常设想的那样，为赈济穷人，农民比其他生产者付出较多的税金，多付部分就等于向他们征收单独的和外加的税。如果向农民征收单独的税，我们已经知道，它立刻会提高谷物的价格，足以为他们提供支付税金的补偿，并提高地主的地租。它对地主不是负担而是收入。

凡提高谷物价格的所有税收，有一种后果是令人瞩目的。由于一定数量的谷物为劳动者生活所必需，劳动者的工资必须有能力购买这一定数量的谷物。因此该数量谷物价格上升，工资也必然上升。但是我们已经知道，利润按工资上升的比例下降。因而，向谷物征税影响遍及所有消费者。对于资本家，它以两种方式施加影响：第一，他们是消费者的一部分，受到谷物税对消费者的影响；第二，对于他们，这种税具有向他们的利润征税的同样作用。

第十三节　每英亩土地税

我们业已讨论了以各种不同方式向土地征税所起的作用，包括以地租为对象所征的税，以产品为对象所征的税，和以农民利润为对象所征的税。第一种就是向地主征税；第二种是向消费者征税，对地主没有影响；第三种是向消费者征税，这种税对地主有利。对土地征税还有一种方式，就是每英亩征收若干税金。

我们知道有一部分运用在土地上的资本，其报酬足以提供正常的资本利润，但不会更多。如果生产成本有所增加，产品价格必然上升以弥补增加的支出。如果生产成本不增加，产品价格不会变动。

如果对土地（不管是已耕种的还是未耕种的）征收一种按每英亩计算的税，生产成本不会增加。在两种情况下，资本运用在土地上不会产生比正常资本利润更多的报酬，当然也就不会产生地租。第一种情况是，向土地投入两笔或更多笔资本，每笔产生的报酬比上一笔较少，随后又投入第三或第四笔资本；第二种情况是，第二级或第三级肥力的土地已经用光，被迫在更贫瘠的土地上耕种。

立刻就会明了，当一笔后继的资本运用在同一块土地上时，以英亩计算的税不会影响生产成本；因为这块地的税已经付了；因此，只要农产品的价格提高得足以向农民提供全部正常的利润，在同一块土地上使用第二笔资本对农民就是有利的。

当资本运用在已缴纳过税金的、质量窳劣的新土地上时，一旦产品价格提高到足以提供耕种所要求的资本利润，耕种者就获得酬劳；他不必考虑税收，因为这种税不取决于耕作的结果。

当只向已耕种的土地征收这种税时，由于资本先运用在已耕种过的较肥沃的土地上，而后逐步运用在未曾耕种过的肥力较低的土地，因而这种税也同样逐步向由肥到瘠的土地征收。种植的产品不仅必须产生正常的资本利润，而且还必须产生税收；这类土地要到产品价格上升到足以提供利润和税收时才会有人去耕种。因而税收包含在价格之内。

对于地主来说，这个结果是有利的。假设第三级肥力的土地是所耕种的最后一级土地；这类土地每英亩生产 2 夸特，比它高一级的第二级土地生产 4 夸特；第一级肥力的土地生产 6 夸特。在这种情况下，很显然每亩 2 夸特既提供税收，又提供农民应得的报酬。这样地主可以从第二级土地上每亩得到 2 夸特，从第一级土地上每亩得到 4 夸特。他在两种情况下都获得这么多的产品，不管是不是征收这种税。但是在征税的情况下，价格上升，他拥有的每夸特谷物的价值增大了。所以，这种税是向消费者征收的，消费者负担的不仅是政府收到的每亩这么多的税，而且还有地主得到的更多利益。

但是，这种税的一个作用是阻碍资本在贫瘠土地上使用。只要投入已耕种土地的新资本对整个税收来说，其生产力不缩小到低于运用在最好的未耕种土地上的生产力，就没有资本会投入未耕种土地。在这种情况下，谷物成本增加由消费者负担，外加的地租给予地主，对国家收入毫无帮助。

这样的税刚开征时，如果投入较好土地的一笔外加资本的生产能力比已经投入较差土地的资本的生产能力低的程度不足所付的税金，则将使劣质土地放弃不耕。这仍将提高谷物价格，因为根据想象，最后一部分资本的生产能力低于以前投入的资本；它还将增加地主的地租，但是没有税收全部作用给它的那么多。

第十四节　财产转让税

财产转让税有好几种。诸如财产买卖中的印花税、遗产税、财产转让中需要书写的文件的税，以及性质类似的其他税收。

在所有财产属于劳动和资本的产品的情况下，买卖中所课的税由买主负担，因为生产成本（包括资本利润）必须与税收一起由他提供。

土地是生产源泉，不是劳动与资本的结果，土地转让税由卖主负担；因为买主考虑到他的资本作别种运用能获得的利益，如果土地不给他相等的利益，他将拒绝用资本交换土地。

遗产税和自由赠与税落在接受人身上是很明显的。

第十五节　诉讼税

诉讼税的征收主要用贴印花的形式，印花贴在司法事务使用的不同文件上；还有就是审判程序的一些阶段和事情中所交的费。

十分明显，这种税由起诉人负担。同样明显的是这些是要求审判的税。

有两种情况要求审判：一种是某种权利属于两人中的哪一个难以解决；另一种是某人的权利遭到侵害，要求赔偿和纠正。

一个人拥有一项权利，不幸的是，就此项权利发生了争执，因此便向这个人征税，这样的税不很妥当。而一个人因为遭受了不公正行为的损害而被征税，就更不妥当了。

十分明显，所有这类税都会妨碍纠正侵害行为；阻止纠正侵害行为，便会促使非正义行为的猖獗。因此课征诉讼税就是对非正义行为的奖励。

第十六节　货币和贵金属税

向货币征税，除了在铸造时或在第一次获得生金银时课税外，征税并不方便。可以向生金银课税，或者在它们从国外进口时征税，或者，如果金银矿在国内的话，在金银出矿时征收。

向铸币征税实际上与所谓铸造利差是一回事。铸造利差就是为铸币支付超过货币中所含生金银的差额。

当硬币含十足金属时，其后果是明显的。除非铸币中所含金属的价值高出生金银价值的幅度等于税收的金额，否则没有人愿意拿生金银铸币。因此，货币的价值提高，也就是说，货币形式的金属价值提高，提高到包含相等于税收的价值。

这项税有一种特殊性质，就是它不落在任何人头上。它不落在拿生金银铸造货币的人头上，因为只有在硬币价值包括生金银和税收二者时他才铸币。它不落在交易中收受硬币者的头上，因为对他们来说，硬币好像含有他们愿意交换的十足生金银一样的价值。

因而，应该永远在特殊限度允许的范围内征收这种税。它必须服从的限度就是以不引诱违法铸造为限度。如果税额提得很高，足以支付铸币者的费用和补偿被发觉的风险，肯定会出现违法铸造。

在纸币与金币同时流通的国家里，纸币往往可以阻止出现铸造差价。

纸币发行者尽可能多地保持纸币流通量符合他们的利益。他们可以不断增加纸币流量，直到有一天，持有他们钞票的人，为保全其利益，拿钞票到他们那里换取硬币。

只有当熔化铸币有利可图时，纸币持有者拿钞票到银行兑换硬币才符合他们的利益。只要铸币与纸币一起流通没有升水，铸币的价值就和纸币一样。但是，如果纸币发行量巨大，则通货的价值可能会大幅度下降，以至铸币中所含的金属变成生金银后会具有更大的价值。为了这种利益而熔化铸币，正好可以限制可兑换纸币的数量。

很显然，如果铸币是在课征铸币税的情况下发行的，而铸币中所含金属的价值大于生金银的价值，则只有限制货币数量，铸币才能保持该价值。当纸币发行量没有限制时，上述限度便被取消了；发行的纸币增加货币的数量，直到铸币中所含金属的价值减少，先减到铸币中金属的价值和生金银的价值相等，以后又减到前者的价值低于后者的价值。到这时，为了熔化铸币而持纸币到银行兑换铸币，就对个人是有利的。此时银行收缩发行量，对它有利。

不过，可以采取一种十分简单和十分有效的方法来阻止纸币造成这样的结果。就是使银行有义务兑付它发行的纸币，或者以硬币兑付，或者以金银兑付，由纸币持有者选择。假设 1 盎司黄金可铸 3 英镑硬币，扣除 5%作为铸造利差；又假设发行钞票的银行必须见纸币就付不仅仅 3 英镑，还必须根据兑换人意愿，付给 1 盎司黄金。在这种情况下，显然防止货币跌价对银行是有好处的。

如果货币价值很高,3 英镑货币的价值实际上等于 1 盎司黄金的价值,则银行被迫让 3 英镑兑付 1 盎司黄金并无损失;如果货币价值下落,3 英镑不值 1 盎司黄金,则银行确实蒙受损失。纸币发行量因此而会较为及时地受到限制。

对进口的贵金属或从国内金银矿里开采出的贵金属征税,只要贵金属用于寻常目的或装饰,这项税便由消费者负担;只要贵金属用于铸币,便没有人承受这项税的负担。

贵金属税将提高贵金属的交换价值。可是,作为交易媒介,少量高值金属比大量低值金属方便。因此,尽可能多地取得高值金属是得策的事情。但是,携带和掩藏小体积大价值商品很容易,使这种商品很难大量得到。在不高的税率下,非法进口这种商品难以避免。

虽然向进口和从矿里产出的贵金属征税,像向特定商品征收的任何其他税收一样,最终落在消费者头上,但这个负担不是很快落下来。当向任何商品课税时,使生产者能够将负担转嫁给消费者的原因,在于他们有能力减少供应来提高价格。大部分商品在使用的数量上很快消耗掉。因而每年供给中有很大一部分是在使用的商品;如果供给停顿,或者只停顿一部分,商品数量就会大大减少,以致大幅度地提高价格。贵金属的情况不一样。即使贵金属的年供给全部中止,在一段时间内使用的数量也不会大大减少。因此对价格的影响不大。在此期间,贵金属出售者得不到补偿。在这一段时间内,贵金属税会或多或少地落在他们头上。

同样的见解也适用于房屋,以及其他所有使用数量占年供给量很大比例的商品。

第十七节 商品税对货币价值和资本运用的影响

在丝毫不诱使资本从一种用途转入另一种用途的情况下，资本运用得最为有利。当资本自动遵循资本所有人的利益所指出的方向时，资本运用得最为有利。

假设在英国绒面呢每码 20 先令；若在国内织造亚麻布，每码 3 先令。相反，在德国亚麻布每码 2 先令，那里织的绒面呢每码 24 先令。

如前所述，在这种情况下，英国运用它的劳力为德国织造绒面呢，比为它自己织造亚麻布更为有利；而德国为英国制亚麻布，比为它自己织造绒面呢更为有利。

在这种情况下，如果英国向绒面呢征税，使它的价格提高到每码 24 先令，会出现什么后果呢？

首先，很明显，英国不能向德国出口绒面呢。但是亚麻布的价格在德国依旧较低，所以亚麻布仍然会输入英国。这样英国为支付进口的亚麻布，它将向国外运出货币而不是绒面呢。因此，英国的货币将变得比较稀少，物价将下跌。德国的货币变得比较充沛，物价将上升。这样一来，德国的亚麻布价钱上涨，无法输入英国；除非与此同时，英国由于币值升高，有某种别的商品变得便宜，可以出口。在第一种情况下，由于英国向它自己的绒面呢课税，失去从德国进口便宜亚麻布的好处，不得不自己生产亚麻布。在第二种情况下，在购入亚麻布的同时，英国被迫出口另一种商品，而根据假设，它生产这种商品的条件不如生产绒面呢有利。

所以，由于向绒面呢课税，英国人民蒙受的损失，不但是为绒面呢付税，而且还得为购买亚麻布付较多的钱。

这种税对价格的影响将是：提高绒面呢的货币价值；降低所有其他商品的货币价值；但不会（至少不会长久）完全按税额提高绒面呢的价格，因为课征这种税会使一部分货币外运；之所以会降低所有其他商品的价格，是因为部分货币外运，货币的价值上升。

当向绒面呢课税时，如果用征得的全部税款津贴出口，那就不会改变与德国的贸易状况；英国绒面呢输往那里，进口德国的亚麻布，条件和以前一样。英国人民承受税收负担，不会有其他损害。贵金属不外流，绒面呢的价格在英国上升，而所有其他商品的价格保持不变。

即使不退还税款津贴出口，税收也不一定会减少对外贸易额。虽然在我们假设的例子中，课征绒面呢税妨碍了绒面呢出口，但是由于货币外运，英国会很快有能力输出某种别的商品。很容易看出，这个例子中的理由可以使用在所有其他例子中。一个赋税沉重的国家有可能输出的商品与它完全不征税一般多。可是，要是不注意（很少有人注意）使用抵消性关税和退税的办法来恰当地补偿已征收的税，便不能以同样的有利条件出口。

在两种情况下税收可能提高商品的货币价格：一种情况是许多商品被逐一征税，就像刚才列举的绒面呢的例子一样。另一种情况是所有商品都被课征从价税。可以看出，无论在哪种情况下，商品的高价格，换言之，货币的低购买力，都不一定会使货币流往国外。

在上面举的例子中，只有绒面呢因税收而提高价格。因此货币的购买力只是就绒面呢而言而有所降低。但是货币运往国外去购买绒面呢不可能有较大好处，因为那种商品进口时得付进口税；因而，如果退回税款，便不会重新分配贵金属。

课征从价税虽然将以上面已经解释的方式提高所有商品的价格并降低货币的购买力，但却没有使货币流往国外的倾向。假定某国课征从价税，税率为10%，因而货币的购买力下降，比周围国家低10%。这个国家的货币到国外可以购买多10%的货物，但如果本国商人从国外购买货物进口必须付10%进口税的话，他从中就得不到什么好处。所以可以说，如果在进出口方面采用退还税款和课征抵消性关税的方法，一个国家就可以把商品价格提高到超过周围国家商品价格的不论哪一水平。

图书在版编目(CIP)数据

政治经济学要义/(英)詹姆斯·穆勒著;吴良健译.—北京:商务印书馆,2017
(汉译世界学术名著丛书:120年纪念版:珍藏本)
ISBN 978-7-100-14121-5

Ⅰ.①政… Ⅱ.①詹… ②吴… Ⅲ.①资产阶级政治经济学 Ⅳ.①F03

中国版本图书馆CIP数据核字(2017)第138773号

汉译世界学术名著丛书
(120年纪念版·珍藏本)
政治经济学要义
〔英〕詹姆斯·穆勒 著
吴良健 译

商务印书馆出版
(北京王府井大街36号 邮政编码100710)
商务印书馆发行
南京爱德印刷有限公司印刷
ISBN 978-7-100-14121-5

2017年12月第1版　　开本710×1000 1/16
2017年12月第1次印刷　　印张11¼
定价:68.00元